U0596620

【第一辑】

许雨燕 邱文清◎主编

《深圳非遗·第一辑》编委会◎编著

THE INTANGIBLE
CULTURAL
HERITAGE OF
SHENZHEN

深圳出版社

图书在版编目（CIP）数据

深圳非遗. 第一辑 / 许雨燕，邱文清主编；《深圳非遗·第一辑》编委会编著. -- 深圳：深圳出版社，2023.12

ISBN 978-7-5507-3879-9

Ⅰ. ①深… Ⅱ. ①许… ②邱… ③深… Ⅲ. ①非物质文化遗产－介绍－深圳 Ⅳ. ① G127.653

中国国家版本馆 CIP 数据核字 (2023) 第 129062 号

深圳非遗 · 第一辑
SHENZHEN FEIYI · DI YI JI

出 品 人　聂雄前
责任编辑　朱丽伟　童　芳
责任校对　李　想
责任技编　郑　欢
装帧设计　知行格致

出版发行　深圳出版社
地　　址　深圳市彩田南路海天综合大厦　（518033）
网　　址　www.htph.com.cn
订购电话　0755-83460239（邮购、团购）
设计制作　深圳市知行格致文化传播有限公司
印　　刷　中华商务联合印刷（广东）有限公司
开　　本　787mm×1092mm　1/16
印　　张　23
字　　数　300 千字
版　　次　2023 年 12 月第 1 版
印　　次　2023 年 12 月第 1 次
定　　价　88.00 元

《深圳非遗·第一辑》
编委会

总策划

曾相莱　尚博英

策　划

陈绍华　陈红艳　黄启明

统　筹

汪小敏　杨　莹　梁莎莎

顾　问

李亚威　杨宏海　杨争光

编写成员

万法宪　舒　畅　陈羽夏

黄睿坚　蒙慧梅　李梦辉

朱建豪　凌嘉遥　邱美贤

林韶生　丁振远　彭　洁

赵婷婷　封　霓　李　敏

冷　娟　赖美远　康敏雄

序 言

他们一直走在记录非遗的路上

李亚威

  《深圳非遗·第一辑》即将出版之际，好友雨燕委托我为该书作序。据她介绍，在深圳市委宣传部领导下，在深圳市文化广电旅游体育局和深圳广播电影电视集团的鼎力支持下，他们搭建了一个真正的"非遗"舞台，她和同事们有了拍摄《深圳非遗》纪录片乃至出版非遗图书的机会。没有主管部门的支持和"慧眼"，《深圳非遗》的可持续发展或许不会像现在这样顺利，这位博士主持人和她年轻的团队正不遗余力地把《深圳非遗》推上立足深圳、传播至海内外的全媒体舞台。

  他们探索的"非遗"表达是接地气的。《深圳非遗》以"探访式解读"和"参与式体验"这样一种百姓喜闻乐见的表达形式，将传统非遗融入现代生活之中，增强受众的文化认同感和归属感，激发更多的社会力量参与非遗并共同保护传承，不仅推动优秀传统文化的传播，同时也将千百年来的中华优秀文化进行了遴选梳理，这真是一次壮举。

  我和雨燕相识于 2007 年，作为她主持的节目《人物》的嘉宾接受采访，那次的合作让我发现她拥有非凡的"备书"能力，在采访的一个半小时中，她对我曾经做过的几乎所有大事和关键的节点都倒背如流，针对我的痛点，激发我的倾诉欲，瞬时，我感觉她不是在做节目，而是在真诚地与你的灵魂对话。

一个优秀的主持人，可能首先是一个出色的杂家。不仅在采访中伶牙俐齿地捕捉对方要点，亦让采访对象心服口服，愿意倾倒自己的心里话。雨燕外表温润却内心火热，会妙语连珠找到采访对象的软肋，然后一针见血击中关键，再钻进被访对象的内心，将自己的火焰与之融合以达到最佳访谈效果。

雨燕曾是《深视新闻》和《英语新闻》的主播，在两种语言之间切换了好些年。后来她去德国留学深造，攻读自己喜欢的国际关系学博士，这是一个更高的训练逻辑、拓宽视野和储备知识的要求。她求知若渴甚至满心激动，尤其执着于研究的课题，总能在困顿中绝处逢生。

2012年，她正在德国读博士，台里请她回国担纲真人秀《第一调解》的主持人，雨燕收到这个邀请有点懵，这种"真枪实弹"可不是温文尔雅就能完成的。那是一段"打着灯笼都找不到"的经历，在《第一调解》现场，她亲眼见到当事人持刀甚至悄藏硫酸上场……那些真实生活中人性最普世的彰显、那些饮食男女的俗世烟火，犹如标本与众生的关系，这世上有那么多的人、事的伦理纲常，错了次序，就越解越乱。她感激这段经历，道德、善良、无我的价值观，像一盏明灯，使她和伙伴们朝着光明走去。

雨燕的另一档节目《市民文化大讲堂》，更是展开她的另一个人文触角。她曾请过五位嘉宾讲《红楼梦》等名著经典，嘉宾从不同角度剖析《红楼梦》，令观众受益匪浅。

如果说超感主义作家、哲学家梭罗在瓦尔登湖畔造一间小屋，一个人在深爱的湖畔，对周围的世界，从思考到困惑，从挣扎到明智观察成为一个思想者的话，那么雨燕他们便是在包罗万象的喧嚣寻找中，在各类人物的选题上，以各种知识的积累，追寻着独特的思想火花。

他们是万千广电人的缩影，他们永远在挑战自我、锐意进取，通过诸多不同题材的"淬炼"，不断地自我成长，以新气象、新作为推动广播电视行业的高质量发展。这次雨燕和她的小伙伴们又挑战了传统文化题材《深圳非遗》的拍摄和 IP 开发，不再拘泥于传统电视平台，而是将文化传播扩大到短视频平台和出版平台。

《深圳非遗·第一辑》是将纪录片《深圳非遗》落纸成书，书中记录了传统医药、传统美术、传统音乐、传统技艺、传统民俗等内容，无论是传统医药中的平乐郭氏正骨医术、李氏筋伤点穴推拿术、雷火针疗法等 10 个类型的篇章，还是传统美术中的剪纸（剪影）、传统植物染色、木刻画等 12 个类型的篇章；无论是传统音乐中的大鹏山歌、广东口哨、树叶吹奏 8 个类型的篇章以及传统技艺中的祥利红木家具制作技艺、宝安公明腊肠制作技艺、谢氏核雕等 10 个类型的篇章，还是传统民俗中的南水姊妹节、官湖望鱼岭捕鱼技艺、潮州工夫茶艺（詹氏）等 4 个类型的篇章，都是在拍摄视频的基础上，更为翔实地记载了不同非遗种类的类别以及它们从过去到现在的发展和传承状态。每一个章节的文字，都引人入胜，灵动而通俗易懂。看得出雨燕他们在文字的把控上以及各个非遗门类的文字和史料的真实性上，调研做得扎实而透彻。

"非遗"是先辈们通过日常生活的运用而留存至今的文化财富，是以人为本的活态文化遗产，人们往往对濒临消亡的文化遗产进行抢救，其他未研暂搁。其实"非遗"应突破民族、区域、特定行业的界限，从各个民族在全国大部分地区普遍覆盖的"非遗"中不断挖掘。对于非遗，绝不能把它变成古物留尸，而应该激活并给它插上翅膀，使其得以创新，并在继承和发展中，给它另一种重生。从自然生成到不断发展流变，这才是将非遗保护传承下来的意义和价值。

"深圳非遗"，无论是视频制作还是著书成册，都反复强调了这一种观点，我跟她算是知音和同道者。人的能量"精气神"决定了一个人的成败，以雨燕为代表的广电人一直执着地把"精气神"用在记录和整理出来的传统文化上，使这些不可复制的文化瑰宝，进入历史档案的史册。希望本书的出版，给读者奉献出蕴含巨大价值的文化遗产。

前 言

中共中央办公厅、国务院办公厅与文化和旅游部非物质文化遗产司陆续出台相关政策法规，其中，中共中央办公厅、国务院办公厅印发了《关于进一步加强非物质文化遗产保护工作的意见》，文化和旅游部非物质文化遗产司发布了《关于开展"非遗在社区"试点工作的通知》，推进文化遗产保护传承工作进入新高度。

为践行上述中央政策法规、宣传推广文化遗产保护成果和提升人们的认知感、认同感和参与感，深圳市文化广电旅游体育局文物管理办公室和深圳广播电影电视集团融媒体中心文化组自 2019 年起陆续创新研发《深圳非遗》年度专题，每年 52 期（20 分钟／期），"实地探访"和"全景式影像记录"深圳及其周边辐射地域的 400 多项在册非遗项目，以大型专题形式在深圳广电集团都市频道每周六晚间黄金时段（19：52—20：12）首播，同时在深圳卫视以及深圳国际频道滚动播放，并在学习强国、抖音、头条等新媒体平台和深圳公交地铁、户外大屏等移动端进行全媒体宣传，新媒体平台表现抢眼——"学习强国"开设专栏，抖音官方账号粉丝逾 80 万，单期视频点击量高达 4000 万次，形成 TV（公信力平台）＋ NV（流量平台）的全媒体闭环。

《深圳非遗》同时尝试"探访式解读"与"参与式体验"的立体结合，不只是客观记录，也是主观参与，每年不定期推出非遗在社区、非遗进校园、非遗进商圈等线下活动，将传统"非遗"融入现代生活，激发社会力量参与保护传承，增强受众文化认同感和归属感，探索文化遗产保护新途径的同时，也为文化强市战略做出新贡献，文化组也因此获得 2023 年"广东省人文社会科学普及示范基地"的称号。

《深圳非遗》迄今已上线逾 4 年，持续解读不同题材的文化遗产项目，陆续播出 200 多期专题，以"沧海桑田的历史、不可复制的传奇、文化传承的故事"做到了收视、流量和口碑的共赢，受众遍及海内外，日渐形成深圳及其周边辐射地域的文化遗产"现象级"IP 品牌，为深圳文化强市战略和优秀传统文化的传播增添可持续发展和影响力广泛的国际化全媒体平台。

作为移民城市和改革开放的前沿，深圳在"双区"叠加和"双区"驱动过程中呈现出地域的特殊性：深圳非遗不只呈现深圳本土非遗文化，也是祖国四面八方非遗文化的合集，更汇集了大中华优秀传统文化的精髓，在表达优秀传统文化的同时也体现了传统文化的现代脉络。从讲好中国故事和优秀传统文化故事的视角来看，深圳是一个具有标志性意义的城市，而影像和文字的缔造是活态传承的一个缩影。因此，除了专题节目的影像记录之外，我们更希望能够做出文字、图片的档案式记录，让影像和文本在非遗的活态传承中相互赋能，并在未来能以不同语种进行传播，为建设社会主义文化强国贡献绵薄之力。

根据《深圳非遗》在册资源的专题记录，我们分门别类梳理出医药、美术、音乐、技艺、民俗等五个类别的代表性项目和代表性传承人，合计 40 多例、20 多万字，形成《深圳非遗·第一辑》图书，将每一例非遗项目分成非遗名片、项目特色、精编访谈和传承活化等四个维度解读，并辅以精选专题图片，诠释非遗项目的前世、今生和未来故事。期待今后我们在《深圳非遗》专题系列片的基础上，陆续推出系列图书。

本书出版之后，将陆续推广分发到深圳及其周边城市的社区、商圈和大中小学校园，在青少年、成年人和传统文化爱好者等群体中悄然埋下非遗的种子，既契合"全球全民阅读典范城市"的气韵，又为深圳这座现代都市增添优秀传统文化的人文篇章。

　　作为改革开放排头兵的深圳是一座年轻的现代都市，却拥有着琳琅满目的非物质文化遗产项目和其代表性传承人团队。未来，我们将继续立足深圳本土，辐射粤港澳大湾区乃至世界各地，通过影像、文字和图片的诠释让更多的人了解和热爱中华优秀传统文化，这也是《深圳非遗》项目及其系列图书的意义所在。

雨燕

2023 年 9 月

目录

传统民俗

3

传统医药

平乐郭氏正骨医术

(广东省省级非物质文化遗产)

陈汴生

平乐郭氏正骨医术代表性传承人

非遗名片

　　平乐郭氏正骨医术源于河南省洛阳市孟津区平乐镇平乐村郭氏家族，形成于清代嘉庆年间，有200多年的历史，是中华医学宝库的一朵奇葩，被称为中国正骨界的"黄埔军校"。

　　创始人郭祥泰（1796—卒年不详），清嘉庆年间人，得明末清初洛阳薛衣道人祝尧民医治骨伤密书和同姓道人郭益元真传，收留病困于平乐的武林高僧而获赠佛家正骨医法，并潜心研习，为伤患医治骨伤，疗效独特，医德高尚，形成了独特的中医正骨流派。

　　第二代传承人郭树信（1820—1889），师从郭祥泰，术理精深，将平生医术撰入《郭氏家训》；郭树楷（生卒年不详），师从郭祥泰，全面掌握平乐郭氏正骨医术。

　　第三代传承人郭贯田（生卒年不详），郭树信之子，平乐正骨高手；郭鸣岗（生卒年不详），郭树楷之子，全面掌握平乐郭氏正骨医术。

第四代传承人郭聘三（1865—1929），郭贯田之子，博览经典，尤其是骨伤科名著，继承祖传正骨医术。他医术精湛，患者"不惮数千里"求医，重病患者"远至百日，或五六十日"，轻病患者"或十数日，或著手"即可痊愈，平乐方圆百里"无残废戕扎者"。其兄弟郭登三、郭建三、郭九三均承父业，学习平乐郭氏正骨医术。

第五代传承人郭春园（1923—2005），从医60余载，参与创建3座医院，撰写2本专著，有197名高徒，于古稀之年无偿献出13种祖传秘方，是人事部、卫生部、国家中医药管理局认定的全国500名著名老中医之一，撰写出版了我国第一部骨科专著《平乐郭氏正骨法》和展示郭氏医术的《世医正骨从新》。1986年，郭春园在深圳创建深圳平乐骨伤科医院（现为三级甲等中医骨伤专科医院）。郭聘三之子郭灿若（1895—1950），郭灿若之妻高云峰（1906—1976），均师承郭聘三，掌握平乐郭氏正骨医术。

第六代传承人陈海如、王贵金，从事骨科医疗事业50余年，20世纪90年代跟师郭春园两年（发有证书）。全面掌握了平乐郭氏正骨医术的精髓，并且发扬光大。第六代传承人陈汴生，自1985年起在郭春园身边工作20年，从事医疗工作40余年，从事骨科医疗30年，全面掌握平乐骨筋伤治疗手法、中药治疗、康复治疗，最为擅长筋伤治疗；在深圳平乐骨伤科医院组建了"疼痛康复科"，用"平乐郭氏正骨推按法"治疗颈肩腰腿痛疾患，疗效良好，被列为深圳市第一批"中医特色腰腿痛专病专科"；"平乐郭氏合力推按法治疗腰椎间盘突出症"被列为广东省科研重点项目，陈汴生任项目负责人，发表了多篇有关"平乐郭氏推按法"的医学论文。他重视传承工作，已有 30 余人在其传授下掌握了"平乐郭氏推按法"。

项目特征

平乐郭氏正骨医术自创立以来，历代传承人秉承祖训，致力于中医骨伤医学创新，使其由治病救人的民间医技上升为造福人类的中华骨伤科学。2008 年 6 月，平乐郭氏正骨法被列入国家级非物质文化遗产代表性项目名录。深圳平乐郭氏正骨医术作为河南平乐郭氏正骨法的重要分支，诊治手段多样，医学理论丰富，秉承"治病救人放首位"的祖训，具有不可小觑的医学学术价值、传统文化价值和社会价值。

（一）诊治手段多样

平乐郭氏正骨医术的诊治手段丰富多样，有手法整复、骨折固定、药物疗法、理筋按摩、功能锻炼五大类别，医者"掌上功夫"在治疗过程中作用最为重要。

（二）医学理论丰富

平乐郭氏正骨医术的历代传承人注重对该传统医学流派的探索、总结和创新，每代传承人都留下了相关著述，使这一民间朴素医技逐渐上升到理论高度，第五代传承人郭春园所著的《平乐郭氏正骨法》和《世医正骨从新》，成为该流派迄今理论水平最高、最完善的骨伤科医学专著。

（三）"治病救人放首位"的祖训

平乐郭氏正骨医术传承人的医德医风、精湛医术与平乐郭氏正骨医术丰富的理论，共同成为这个传统医学流派的鲜明特点。

（四）兼具医学学术价值、传统文化价值和社会价值

在收治骨伤患者过程中，平乐郭氏正骨医术的传承人既秉承祖训，又不断在诊疗手法和用药配方上总结创新，使得正骨理论逐渐丰富、成熟，正骨技法愈发精湛，具有疗效显著、康复期短、用具简便、费用较低等特点。郭春园在深圳创建骨伤科医院，使平乐郭氏正骨医术成为国内业界公认的骨伤科重要流派，得到了海内外医学界同行的广泛关注，具有很高的医学学术价值。其在发展过程中和对骨伤科研究以及实践过程中呈现出的道家、儒家思想印记，具有一定传统文化价值。其传承人的医德医风体现了优秀的中华传统美德。据统计，十几年前深圳平乐骨伤科医院收治病人就达 50 万人次。平乐郭氏正骨医术在粤港澳大湾区颇负盛名，成为骨伤科诊疗界的著名品牌。若对其加以保护和推广，创建正骨分院，将祖传医药秘方制成内服、外用药剂，进入国内、国际医药市场，其社会价值应该相当可观。

精编访谈

主持人： 陈老师您能分享一下该项目的核心技法和技法创新吗？

陈汴生： 平乐正骨医术第八法是推按法，颈肩腰腿痛的临床治疗一般用这个手法，包括捋筋、整骨、松筋、推拿、按摩，又分点按、悬按、揉按等，不同手法用于不同患者的治疗，达到很好的疗效。

主持人： 推按法时间长吗？

陈汴生： 每次治疗 20 分钟。比如腰痛，做完基础检查，确定是哪一种性质的腰痛，然后针对症状治疗。推按法相对没有太多痛苦，且疗效好。

传统医药

005

主持人： 现代人可能患有各式各样的疾病，疑难杂症有时候还是比较多的吧？

陈汴生： 相当多。腰痛是最常见的，腰痛的性质不一样，要查原因。比如睡了一整晚，早上起来后腰痛，叫静息痛，静息痛是无菌性炎症。强直性脊柱炎可以引起腰痛，慢性腰肌劳损也会引起腰痛，腰大肌的紧张、炎症都会引起腰痛。医生要给病人辨析病因和制定治疗方案。

主持人： 所以说，医生治病前需要对病人做全维度判断，需要对病人的整个身体进行评估，然后再做治疗。听说您是先学西医，后来学的中医，能否跟我们说说其中过程？

陈汴生： 1985年我来深圳，一直在老院长（郭春园）身边工作。老院长给病人看病、整复、治病、开药方等，疗效非常好，我不知不觉就产生了兴趣。在老院长看诊时，我在旁边看，不懂就问，他不厌其烦地给我讲，直到我听懂为止，我对此愈发兴趣浓厚。老院长会利用空暇时间给我们授课，就讲最常用的平乐推按法，他讲完课后就趴在推拿床上，让我们在他身上做实验，一边告诉我们哪些地方力量不够，还需注意调整，及时纠正我们。

主持人： 从这个角度来讲，他老人家来深圳之后不只是诊疗患者，还教授了很多学生？

陈汴生： 对。培养了很多人才，老人家孜孜不倦，尽心尽力，让我们非常感动。

主持人： 黄老师您是深圳平乐骨伤科医院的主治医师，我们发现武术与中医有很多可以契合的情缘，是吗？

黄楚胜： 练武术的人早期需要拉筋，拉筋过程中可以深刻体会筋的收缩或延长带来的痛结或是麻疼。包括站桩、采气时，都会感觉到热量或是手指指梢的膨胀，这些对手法触诊起到很大帮助，对脊柱骨骼的触摸非常精准。人体侧面正常有 4 个弯曲，即

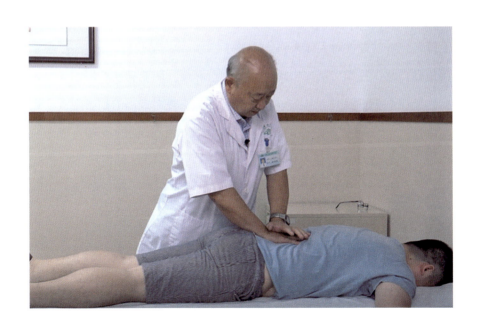

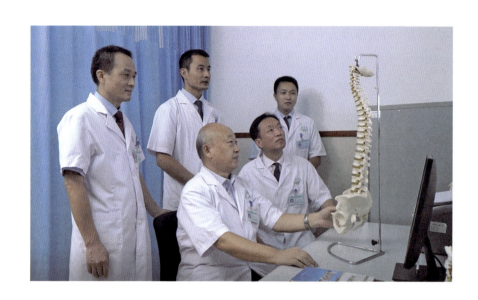

颈曲、腰曲（向前）、胸曲、骶曲（向后）。如果这些弯曲出现异常，背面肌肉就很容易出现异常拉力和酸痛。时间长了，会累积到椎间盘，椎间盘突出会压到神经，压到神经会出现手麻、手疼等症状；压到血管会出现头晕、手发凉等症状。

主持人： 所以脊椎对人体来讲太重要了。

黄楚胜： 对，犹如房梁，出现了问题就很麻烦。职业病和坏习惯会困扰我们的身体，比如，久坐、长期低头等对颈部的损害很大，也导致现在颈腰痛的患者呈年轻化趋势。长期的不良姿势还会导致小关节错位，一扭头就转不回来了。这种情况下我们先触诊，通过手的触摸感知棘突是否为左右旋转，前后有没有凹陷或高突等。正如《医宗金鉴》所讲："机触于外，巧生于内，手随心转，法从手出。"摸出错位方向，才有正确的复位方法。病患诊疗后要加强功能锻炼，功能锻炼可让肌肉有力，将筋骨束在正常位置。再举个例子：跷二郎腿虽然舒服，但是

容易造成腰骶关节旋转、扭曲，出现椎间盘的异常压力，损害脊椎。所以我们一定要从行、站、坐、卧来调节身体健康。这么多年，平乐正骨医术一直得到比较好的保护、传承和创新发展。我们医院成为传承基地后，未来会做好人才储备，用好传承人和传承专家，让平乐正骨医术更好地服务大众。

主持人： 正骨疗法是传统中医药的重要组成部分，平乐郭氏正骨医术以精湛的技艺为患者解除病痛而声名远播。

传承活化

栉风沐雨，春华秋实，平乐郭氏正骨医术历经 200 余年的积淀，建树颇丰，传承了六代人。1985 年，第五代传人、郑州市骨科医院前院长郭春园率领弟子南下深圳，创办深圳平乐骨伤科医院，使其成为该传统医学流派的重要分支。经过 30 多年，深圳平乐郭氏正骨医术在深圳以及港澳地区，乃至日本、韩国、泰国、印度尼西亚、印度、毛里求斯、美国等国家，造福了上百万名骨伤病患。郭春园的后人郭玉凤、郭玉龙、郭维笃、郭维玉则活跃于洛阳、海口等地，传承平乐郭氏正骨医术。如今，深圳平乐骨伤科医院及郭氏传人所在的医疗机构、诊所，已然成为粤港澳大湾区数千万人口的骨伤病诊疗中心。作为传统医学的一部分，平乐郭氏正骨医术是民族智慧的结晶，平乐人正在用自己的实际行动将正骨医术传扬下去。希望在未来，这朵医学奇葩能够绽放在中华大地，让更多有需要的病患受惠。

平乐郭氏正骨医术

李氏筋伤点穴推拿术

（广东省省级非物质文化遗产）

李寿亭

李氏筋伤点穴推拿术代表性传承人

非遗名片

　　李氏筋伤点穴推拿术，源自陕西省府谷县黄甫镇，清中期该镇中医药业态即声名远播。清嘉庆年间，该镇药材经营世家李氏家族的李诚集各家所长，首创了李氏筋伤点穴推拿术，至今已有逾200年历史。

　　第二代传承人李亨甫于清咸丰、同治年间，凭借娴熟医技走遍黄河流域及京城。

　　第三代传承人李杰于清末民初，凭借祖传"单病独法"点穴推拿术治疗患者，每治每愈，患者登门致谢，并赠"术绍仲景"匾额（此匾悬挂于李氏祖屋）。

　　第四代传承人李来通在前辈"单病独法"点穴推拿术的基础上补充"复位法"医技，并留下遗训（此遗训为黄甫镇碑刻）裨益后世立业立身。

　　第五代传承人李生美，20世纪50年代师从父亲，传承祖医，先后

在内蒙古数家医院任主任医师，是内蒙古中医学会理事。

第六代传承人李寿亭（1952—）为李生美长子，16岁时师从父亲，行医已逾50年。1989年南下深圳，在深圳福田区、南山区和龙华区开办了诊所和医院，就医者络绎不绝。至今李寿亭已诊治了10多万名患者，并已向约70名学员系统地传授医术。

项目特征

历经李氏数代的传承发展和丰富完善，李氏筋伤点穴推拿术的诊疗理论和手法，200年间在陕、晋、内蒙古地区享有很高声誉。伴随改革开放的步伐，李氏家族传承人将这一中医瑰宝在中国南方发扬光大，造福民众。30余年间，李寿亭及其弟子已在深圳收治颈椎、腰椎病和疑难杂症患者10万人次以上。

李氏筋伤点穴推拿术具有"手法"诊治特征、民间医术传承特征，以及重要的医学研究价值。

（一）"手法"诊治特征

李氏筋伤点穴推拿术诊断（辨病）主要靠"手法"，即触诊，治疗也主要靠"手法"，即点穴。

"手法"的核心要义：将传统推拿术和点穴术巧妙融合，既是诊断疾病的手段又是治疗疾病的方法。当然，施治者须谙熟人体经络学，安全掌控对患者腧穴的点压力道。"手法"辅以"快针奇穴"疗法，具有刚柔结合、点（穴）慢针（灸）快、快慢并进、止痛（快针）解压的特点和效果，这是该医术有别于其他民间传统医术的主要特征。

（二）民间医术传承特征

该项目创立、发展于民间，几代传承人毕生致力于纾解民众疾苦，频密巡回探诊，未能著书立说。项目创始人李诚留有"该医术只能家传"的家训，故200多年来李氏数代心口相授、父子相传，这一民间医术传承特征亦是至今该医术唯少数人掌握之原因。

（三）医学研究价值

以中医经络理论为指导，将传统推拿术和点穴术有机结合，融诊断疾病手段和治疗疾病方法为一体，李氏筋伤点穴推拿术对颈椎病、腰椎间盘突出症、强直性脊柱炎等骨科筋伤疾病有独特疗效。

构成要素：点穴（触诊）辨病和点穴"手法"复位。"手法"又分为松解、吸定、重力、拉筋、点穴等步骤，称为"十字要领"。

治疗颈椎病的"反弓复位法"：第一步以点穴术结合推、按、揉等手法，确定病患程度并施行颈椎肌腱的松解术；第二步以拇指按住患者颈椎处反弓点，另一只手向上扳动患者肩部，瞬时完成复位。"手法"治疗往往辅以"快针（针灸）"，具有刚柔结合、点（穴）慢针（灸）快、快慢并进、止痛（快针）解压的特点。

精编访谈

主持人： 李老师，您能简单介绍一下"筋伤点穴推拿"吗？

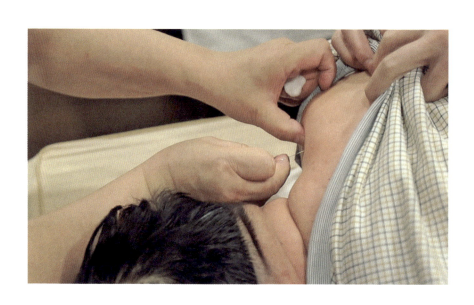

李寿亭： 这属于我们家族医学技艺的一个小科目。点穴，第一要松解，避免肌肉过度紧张产生反抗力，不对抗时效果最好。松解完掌握患病部位后，再吸定，我们的点穴力道较重，起到拉筋的作用，拉完筋后，痉挛的筋得以舒展开来，紧接着用快针深层次地治疗，整个过程可能几秒钟就全部完成了。为什么要这么快？第一，效果好；第二，病人没有痛苦感，不会紧张，在未紧张痛苦的时候治疗就完成了，这样效果最好。

主持人： 在深圳，来找您治疗筋骨痛，还有推拿、点穴的患者多不多？

李寿亭： 来找我的特别多。因为深圳年轻人多，生活节奏快，再加上深圳看上去挺热，其实挺寒冷的。从内心来讲，需要三次治疗的患者我巴不得一次治好，为病人节省时间，减轻痛苦和经济负担，我也得到了口头宣传，何乐而不为？做人有这么多收获，我很满足。

主持人： 为什么说深圳很寒冷呢？

李寿亭： 深圳自然环境很热，但车里有空调、家里有空调、上班的地方有空调，商场、银行都有空调，走到哪儿都有空调，深圳感受寒冷的时间比北方还长，从这个意义上讲深圳很寒冷，这是外在的寒。还有内里的寒，都市人手里的矿泉水、饮料等各种东西都是冰冻、冰镇的，进到身体后，是内寒，外寒再加内寒，你说深圳冷不冷？吃进去的生冷东西停留在体内，时间长了即寒，寒的时间长了即湿，湿、寒不祛，颈椎腰腿痛治起来就很难。发现这个关键问题后，我先把外寒和内寒都祛了，颈椎腰腿痛治疗效果就好很多。当然也要因人而异、因地而异、因时而异，然后辨证施治。刚开始来深圳时，治疗病人比较难，后来我研究区域的人文地理，找到突破口——寒冷，把寒冷祛除后，再治疗现代病，疗效很好。

主持人： 您跟我们说说，生活中有哪些常见的坏习惯？

李寿亭： 用最常见的颈椎问题举例，睡觉枕头很高、回家躺在沙发上看电视的人，颈椎的椎间盘突出是最多的。还有，坐着时不要又跷二郎腿又看手机，对颈椎和腰椎损伤很大。

主持人： 跷二郎腿也很不好吗？

李寿亭： 对，跷二郎腿让颈椎到腰椎都处在一个扭曲的状态下，对身体骨骼结构伤害很大，所以坐着时要把自己摆到正确的姿势上。

主持人： 咱们这个技艺是家传还是师承？

李寿亭： 家传，到我是第六代。我父亲他们那代医生多，我爷爷那辈以上全是单传。

主持人： 您老家是哪里的？

李寿亭： 陕西省榆林市府谷县。在当地提起李家中医，家家户户都知道。我们家族第二代行医老祖去了北京，给皇宫里的人看病，后来回到老家创办了仁德堂，把这个招牌扛起来，后来越办越兴旺。

主持人： 现在在传承这一块，您想了什么办法？

李寿亭： 我的小孙子现在还挺喜欢学，我有时候让他扎棉枕头或者苹果，可能是耳濡目染，他拿起针来很准。师徒传承现在是我考虑的，传承要考虑"德"的问题，师父好找，徒弟难寻，学个半瓶醋就出去晃荡是不行的，一定要把技艺学扎实。

主持人： 王谢堂前旧燕归来，李氏家族秉承着传统文化的美德，将仁心仁术高悬厅堂，大中医们在现代都市身体力行，同时也呼唤着更多后来者的传承发扬。

传承活化

现今，李寿亭已到古稀之年，仍身体力行，娴熟运用祖传医术诊治患者且疗效确切，患者多有好评。项目分布区域常住人口 500 万人，李寿亭每周在南山区诊所工作 6 天，每天接诊、治疗病人 40 人以上，每

天工作时长超 10 小时。近 30 年来，约有 70 多人师从李寿亭，跟随数年的年轻医生大都成为项目分布区域诊所或医院的中坚力量，每天以该医术治疗的病患都在 150 名以上，为众多患者解除病痛。李寿亭年事渐高，弟子中尚无人企及其医术功力及学养，该医术全面传承仍存隐忧，亟待采取有效措施以避免医术传承人队伍青黄不接。

李氏筋伤点穴推拿术

朱氏点穴牵顿脊椎整复术

（广东省省级非物质文化遗产）

朱其广

朱氏点穴牵顿脊椎整复术代表性传承人

非遗名片

朱氏点穴牵顿脊椎整复术，起源于湖北武当山内家功夫，创始人可追溯至明代的张三丰。19 世纪末，武当山龙门派第 26 代传人唐崇亮道长（1869—1983），道号崇亮，运用武当内家功夫及道家医药知识，为百姓治病疗伤，"点穴牵顿脊椎整复术"在这个时期初见雏形。

第二代传承人武当山紫霄宫郭高一道长（1921—1996），河南商丘人，师从唐崇亮道长，为武当山龙门派第 27 代传人，道号高一，为"点穴牵顿脊椎整复术"的进一步发展做出了贡献。

第三代传承人朱其广（1955—），自幼习武，后拜武当山紫霄宫郭高一道长为师，为龙门派第 28 代传人，道号嗣广，得武当内家功夫及

道家医药知识真传，后在湖北中医学院深造，将传统中医与武当内功融为一体，应用于临床。1992年，朱其广调入深圳市中医院骨伤科工作，为众多饱受颈椎病、胸椎病、腰椎病等脊柱疾病困扰的患者解除痛苦。1998年，朱其广在深圳市中医院挑头成立了推拿科，任推拿科主任，并吸纳人才，拓展团队，为"点穴牵顿脊椎整复术"的传承、推广提供人才和场地保障。2009年，成立了推拿科病区，任推拿科大科主任、学科带头人，不遗余力地培养优秀骨干，传承发扬点穴牵顿脊椎整复术。

第四代传承人张劲、彭锐、汤琛、李胜利、王海洋、梁浩等，随朱其广学艺，耳濡目染，深得朱其广真传。

项目特征

该项目从唐崇亮道长的创立到郭高一道长的推进，再到朱其广等人在临床上的丰富、完善和升华，朱氏点穴牵顿脊椎整复术经历了100多年的传承演绎和发展创新，现已成为海内外医学界认可的正脊流派，蕴含道家医术精髓，又凸显施治安全、无创伤、疗效显著、适应症广等传统中医特色，具有较高的社会价值。

（一）医术特征

1.疗法独到、新颖：临床重视辨证论治、整体观念的应用，根据发病机理，运用手法改善脊椎局部解剖关系及内部环境，同时重视脊柱的整体调整，遵循自然规律，因势利导，有效恢复脊柱的正常承重力，从整体上恢复脊柱的生理力学平衡，突破"头痛医头，脚痛医脚"的机械推拿模式。

2.施治安全、快捷：用娴熟的中医医技手法，将扎实的内功功力作用于人体脊椎疾患处，医治时间短，治疗过程安全可靠，患者症状缓解快。

3.起效快、远效佳：临床糅合了中医传统理论、道家医学实践、武当内家功夫与传统中医医技，历经四代人的摸索实践和研究创新，临床治疗脊椎疾病及脊椎病引起的相关疾病，不但疗效快而且中长期效果令患者满意。

4.无创伤、不用药：运用点穴牵顿脊椎整复术施予患者，患者无须手术、服药，即可解除病痛，避免了手术带来的经济负担和身体负担，更为拒绝服药或药效不佳的患者，甚至不宜服药的患者找到新的医治途径。

5.适应症广：通过手法，循经点穴，对失稳脊椎关节进行牵顿复位，促进气血流通，使体内因经络不通和脊椎不稳所致的功能活动障碍得到恢复，对因脊椎病理改变而

引起的循环系统、消化系统、呼吸系统、神经系统、免疫系统等疾病同样具有独特的临床疗效。

（二）文化传承价值

古代道人多数行医，道医炼丹打坐，观天地万物，将宇宙自然和人体运行规律归为阴阳循环、天人合一的哲学思想观念，形成了身心修炼和道家医学实践经验，并将之世代传承。点穴牵顿脊椎整复术既传承了武当文化的精髓，又创新了传统中医医技的特色，更丰富了脊椎疾病的治疗手段，为传承弘扬中华民族传统文化做出贡献。

（三）医学价值

"朱氏点穴牵顿脊椎整复术"将中华传统医学与道家武当内家功夫有机结合，临床施治安全、无创伤、不用药、适应症广，疗效显著，深受广大脊椎病患者的欢迎。

（四）应用价值

点穴牵顿脊椎整复术因施治安全快捷，起效快、疗效佳，可降低脊椎疾病患者继发损伤概率，避免手术痛苦和经济负担等，受到脊椎疾病患者的青睐。传承人的不懈努力使点穴牵顿脊椎整复术日臻完善，得到海内外医学界认可，为跨学科研究与治疗提供了理论意义和应用价值。

（五）社会价值

通过百余年四代传承人的努力，尤其是近40余年，点穴牵顿脊椎整复术的临床疗效日渐被广大脊椎病患者认可，社会声望与日俱增，引起国内外同行重视，求医问诊或讲学交流遍及海内外，社会效益不断提高。

主持人： 点穴牵顿脊椎整复术依据 传统的中医理论，结合武 当内家功夫和中医医技手 法，体现出较高的医学和 使用价值，它的奥秘到底 在哪里呢？这个项目为什 么叫"牵顿"？

朱其广： "牵顿"是从内家拳中延伸出的词语，道家内功和传统医学是 姊妹关系。中医讲，阴阳偏盛偏衰、不通则痛、气血失调、 真气衰竭导致疾病的产生；道家内家功夫有着平秘阴阳、疏 通经络、调和气血、培育真气的作用，传统医学理论与道家 思想是相融合的。这个项目起源于武当山，是内家拳祖师张 三丰传下来的，年代很久远。有种说法是"十道九医"，武当 山很多道人都会医术。我年轻时拜武当山郭道长为师，不仅 学了武当内家功夫，还学了道家医药知识，其中包括点穴牵 顿脊椎整复术。

主持人： 明白了。您当时是想学医还是想学武术？

朱其广： 一开始是学武术。我家在山东，祖传的是武术，后来父母举家 迁到湖北武当山下，我就上山拜师学艺。1971 年开始，我往 山上跑，每年两三次。那时候，上山没有索道，全凭脚力往 上爬，能坚持下来全是因为我喜欢武术。

主持人： 那您后来怎么学医了呢？

朱其广： 1985 年，我正式拜郭高一道长为师，跟着师父学艺、学医术。

参加工作后，我每年还要上山好多次向师父学习，和师父住在一起，直到他羽化。

主持人： 您当时是在医院上班吗？

朱其广： 不在医院，在湖北十堰二汽工会工作，负责接待工作。一次偶然的机会，我给到二汽视察工作的湖北省政府领导做点穴、牵顿和导引治疗，他们看到我的技术后，鼓励我学医，把医学理论知识融入武术，从此我开始发奋学医。1992 年，我到深圳市中医院骨伤科工作。当时骨伤科除了用药和专业治疗方法以外，没有点穴、推拿等医技手法治疗，我利用业余时间运用独特疗法为病患解除痛苦。后来在中医院院长的支持下，我牵头成立深圳市中医院推拿科，当时只有我一人，之后陆续招人，重点培养专科人才和非遗传承人，到我退休时，科室已经有 35 人。

主持人： 您做了很大贡献。

朱其广： 2009 年，我在深圳市中医院推拿科基础上成立了推拿科病区，当时是广东省第一个推拿科病区，开科第一天，病房床位全部住满。大都市的人们有很多职业病，深圳人都拼命地工作，落下了很多病，比如颈肩腰肌劳损、脊椎变形等。

主持人： 您为深圳的建设者提供了非常好的服务。

朱其广： 那是应该的，我喜欢深圳、热爱深圳。我在深圳几十年临床诊疗了近 40 多万病患，有人是被救护车拉到医院，明确诊断后，我给他点点穴，拔伸牵顿一下，就能坐起来了，而且还能下床走路，好多人躺着被抬进来或者跛着进来，最后都走着出去。

主持人： 这是真正的仁心仁术。您任劳任怨，听说当年您比较劳累和辛苦，导致自己的身体也抱恙了？

朱其广：2013 年，我在医院上班，一位副院长说我脸色不好，我就给自己做了个检查，发现颌下腺有个小结节，B 超检查发现有充血，我果断选择通过手术拿掉结节，后来打了放射粒子，伤及了舌神经，导致说话不是很清晰。

主持人：所以现在病治好了，但您的语言表达能力受到了影响。

朱其广：2015 年我受深圳市保健办委托去北戴河为一位延安时期德高望重的老前辈治病，老前辈 90 多岁高龄了，她跟我说："朱大夫，你的技术要传下去，要到北京办学习班，让全国很多医生学会这门技术，为更多老百姓治疗。"她的话深深地打动了我，我立志在有生之年培养更多优秀专科医生。我有很多龙门派入门弟子，他们都是点穴牵顿脊椎整复术第四代传人。

主持人：这是好事，尤其在咱们深圳，可以造福很多人。

徒弟 1：首先，我比较热爱中医，喜欢中医文化，有幸在硕士期间跟随朱老师学习，亲眼见证老师治愈了很多脊椎病患者。所以我想在今后跟随老师潜心地学习，好好传承这一套手法。

徒弟 2：我是北京中医药大学毕业的学生，很佩服朱其广教授的技艺和他对待患者的精神，他时常教导我们对待患者要像对待自己家人一样。我想像他一样全身心地投入到中医药事业中，将中医发扬光大。

主持人：点穴牵顿脊椎整复术是传统中医文化和武术文化的精妙结合，它彰显了优秀的中华传统文化，展现了非遗传承人的执着。

传承活化

朱其广多次受邀在国内外进行学术交流，朱其广带领的团队几十年来共救治脊椎病患者 380 多万人次。2015 年，朱其广退休后仍发挥余

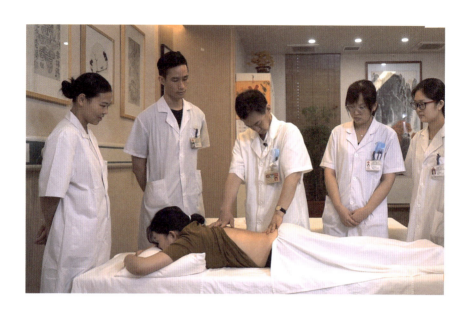

热，在深圳市南山区开办"深圳其广中医馆"，继续为广大脊椎病患者服务。花甲之年的他不断组建团队，通过满门桃李使朱氏点穴牵顿脊椎整复术在深圳这座现代都市得到绽放。

朱氏点穴牵顿脊椎整复术

徐氏中医外科特色外治法

（深圳市市级非物质文化遗产）

徐晓明

徐氏中医外科特色外治法代表性传承人

非遗名片

　　徐氏中医外科特色外治法第一代传承人徐学模，民国初期于安徽、江苏行医，擅治中医外科疾病，被誉为"治疮圣手""治痨大王"。

　　第二代传承人徐学春，跟随堂兄徐学模系统研习中医外科理论，得其真传，遍访民间中医，博采众长并进行临床改良创新，专注于用中药外治瘰疬、骨痨、顽固性溃疡、窦道瘘管等外科疮疡类疾病，形成徐氏中医外科诊疗体系。1969年，在江苏省南京市钟山医院（现南京市中西医结合医院）开设中医外科瘰疬科，10余年间诊治海内外患者20余万人次，深受国家、省、市卫生主管部门及学术界认可。他以中西医结合法治疗重症淋巴结结核（瘰疬）、骨与关节结核（骨痨），分别

荣获1978年"全国医药科技大会奖"和"江苏省科技大会奖"。1985年，南下深圳，创办了深圳中医外科杂病医院，为近20万名患者解除病痛。

第三代传承人徐晓明（1953—），徐学春长女，因出身中医世家，自青年时期随父出诊。1978年毕业于南京中医药大学，后留校任教。1989年南下深圳，在福田区创办了深圳第一家中医外科诊所——深圳徐晓明中医（综合）诊所。从事中医基础理论教学及临床工作40余年，继承发扬父辈中医外科学术思想并不断进行创新突破。创立了"内病中医外治"特色疗法，运用中药敷贴法治疗内科、妇科、儿科的多种疾病，在深圳诊治中医外科及内外妇儿杂病50余万例。

项目特征

20世纪80年代末，徐晓明携徐氏中医外科特色外治法南下深圳行医，拓展中医外治在内科、外科、皮肤科、妇科、儿科等领域的研究诊疗范围，2004年深圳徐晓明中医（综合）诊所的"瘰疬及顽固性皮肤

溃疡专病"获评深圳市第一批中医
特色专科、专病单位。2011年徐晓
明任深圳市第三批名中医药专家学
术经验继承工作指导老师。

徐氏中医外科特色外治法第四
代传承人主嘉佳、胡蒙借力现代科
技，开发无纸化诊疗系统，优化环境、环节和体验，为传承发展提供新
保障。历经几代人的共同努力，"徐氏中医外科特色外治法"在理念、
手法、药物研制等方面形成了相对完善和特色鲜明的体系，国内外医药
学专家学者和同行慕名来深圳参访。该项目具有良好的医学价值、社会
价值和文化价值。

（一）治法特征

1. 中药外治

遵循中医基本原理，强调中医外科疾病的病机是气血凝滞、经络阻
隔，无论是阴证还是阳证，都必须行气、活血、通络，从气血根治外疾。

2. 以药物治疗代替手术，内外兼治

中医外科疾病早期治疗得当，可以令肿疡包块消散于无形，免受刀
针之苦；可以使溃疡愈合，免于截肢，降低致残率，或免于手术植皮，
提高溃疡自愈能力。

3. 谨守病机，精准施治

按照溃疡、窦道、瘘管等疾病"肿疡、脓疡、溃疡"的发展顺序，谨
守病机，综合采用消散、脱毒、祛腐、生肌等手段，精准施药，辨证治
疗，让患者免除手术之苦。需要强调的是，该疗法必须由医者亲自换药，
医者需根据伤口腐肉、脓血、肉芽、皮肤生长的具体情况选用不同药剂。

4. 经济实惠，疗效显著

徐氏中医外科特色外治法开具的处方价格低廉、使用方便、疗效显著，具有"廉、便、验"的特征。

（二）医学价值

徐氏中医外科特色外治法形成了独特的理、法、方、药体系，能够很好地指导中医外科临床、教学、科研。徐学春主编、徐晓明等人协助写就的《瘰病证治》，论治中医外科顽疾瘰病、骨痨等，在理论上有新见解，在临床上有新突破，可作为中医外科培训用书使用。中医外科的一些疮疡皮肤病仍然属于难治之证，徐氏中医外科特色外治法有良好疗效。由于细菌、病毒对中医药很难产生耐药性，运用中医药防治结核病，治疗瘰病、骨痨形成的窦道、瘘管及多种急慢性病造成的顽固性溃疡有很好的疗效，临床价值较高。

（三）社会价值

疮疡皮肤疾病、瘰病、骨痨大多是百姓所患之病，徐氏中医外科特色外治法以药物治疗代替手术，内外兼治，让患者免受刀针之苦，开具的处方"廉、便、验"，减轻了患者的经济负担，缓解人民群众就医的压力，有利于家庭幸福、社会稳定。

（四）文化价值

徐氏中医外科特色外治法源于历史悠久的中医、中药文化，它坚持的"从气血根治外疾""以患者为本"等核心理念与中华民族传统文化有着广泛而深刻的契合度，在当下弘扬中华民族传统文化的大潮中，挖掘、继承、弘扬中医外科外治特色，具有深远的文化价值。

精编访谈

主持人： 徐老师，您给大家科普一下，咱们中医外科诊治范围有哪些？

徐晓明： 肉眼看得见、手摸得着、有征可寻的这些病，都是中医外科的诊疗范围。如痈、疽、疖、疔、流痰、瘰疬、多种顽固性溃疡、瘘管、丹毒；乳病、瘿瘤、岩（舌癌、唇癌、颈淋巴癌、阴茎癌）；皮肤病如湿疹、荨麻疹、蛇串疮、癣病、接触性皮炎、粉刺等，还有外科其他病，如烧伤、冻疮、臁疮、褥疮、脱疽；周围血管病；等等。这些都属于中医外科的诊疗范围。

主持人： 您科普后，我感觉中医外科的诊治范围很广泛，那咱们的药物疗法有哪些特点呢？

徐晓明： 用天然地道的药材经特殊工艺加工炮制，配成系列外治制剂，用于病人患处。外科病一般通过体表皮肤表现出来，和外感风寒暑湿燥火六淫之邪，或情志内伤、饮食不节、感受特殊之毒等多种致病因素有关，造成了人体气血壅滞、经络阻塞、脏腑失和、阴阳失调，而产生了外科疾病，反应在体表，须运用外治配合内治。中医讲究整体

观念，辨证论治，要从整体考虑病因和治疗方案。

主持人： 您行医多少年了？

徐晓明： 1978年大学毕业后开始行医，到现在（2020年）42年。我毕业后留校当老师，利用寒暑假的时间去我父亲所在医院学习外科。

主持人： 从这个角度来讲，我觉得您是非常幸运的。父亲是名医，有团队，可能您从小在生活中就耳濡目染，能看到这些技艺，您的积累会比别人深厚。

徐晓明： 是的。1985年，我父亲应广东省卫生厅邀请，举办广东省首届中医外科暨炼丹学习班，深受行业内学习者欢迎，然后广东省卫生厅和上步（福田）区委邀请他来深圳联合办院。父亲带专家团队来深圳联合办院，创办了深圳第一家中医外科杂病医院。

主持人： 这个医院有多少年历史了？当时为什么邀请您父亲到深圳来办这个医院呢？是因为这边有很多这样的病人吗？

徐晓明： 办了十余年。因为广东地区比较潮湿、湿热，人们工作节奏紧张，更易导致体内阴阳失调、气血不和、湿热内蕴，外科病、皮肤病比较多，深圳很缺这方面的医生，相当于在深圳办了一个针对性的专科医院。

主持人： 您来深圳是跟您父亲有关吧？

徐晓明： 对。20世纪80年代，深圳改革开放，发展的氛围好，来深建设人员多，病患病种也多，而且在大学里很难传承这门技艺，我干脆辞职，南下深圳，想把父亲的技艺传承下来，并在1989年1月开办了自己的诊所。

主持人： 快40年了。

徐晓明： 我感觉现在还有精力，要多做临床，要总结徐氏中医学外科临床经验。

主持人： 这些患者案例有没有触动您的诊疗方式，或者使您的诊疗方法

有新的突破？

徐晓明： 有。徐氏中医外科特色疗法擅长治疗中医外科顽疾，如瘰疬、骨痨、骨髓炎等，现在新病种不断涌现，比如周围血管病、结节性血管炎、糖尿病足、下肢溃疡、多种皮肤病等显著增加。产生新案例和新疾病，就需要进一步积累经验，对医药处方和诊疗手段进行精进。外科病发病机制有很多相似之处，临床显示我们的药物配方还是非常有效的。

主持人： 您觉得从您父亲那儿学到最多的是什么？

徐晓明： 我父亲的医德和医术，他的身传言教让我看到他全心全意为病人着想的大医精诚精神，对中医事业的热爱，让我决定学习、传承这门技术。

主持人： 您的整个家族都充满了大中医的精神。

徐晓明女儿： 我是徐氏中医外治法第四代传人，从小耳濡目染了外公及母亲用中医中药的外治方法治疗很多疑难杂症，所以我觉得如果能够传承发扬这项技术，将是一件非常有意义的事情。我也一直跟随母亲学习中医中药，帮她整理家传技术、药方。我的目标是将徐氏中医外治法归纳总结成系统的有效方案。

主持人： 170多年的家族临床经验结晶和30多年在深圳的传承发展，徐氏中医形成了独特的外治法，期待这个非遗项目为更多的患者服务。

传承活化

　　一瓶药油、一盒药膏，让溃烂的创面愈合且少有疤痕，这种传统的中医外科外治技术正向世人展现着全新的生命力。千百年来，热爱中医药事业的医生钻研创新、精准施药、辨证治疗，这是中医的妙处，也是中医对东方人的智慧考量。"徐氏中医外科特色外治法"成为深圳市市级非物质文化遗产，第四代传承人也接过了传承的接力棒，借助现代科技开发无纸化诊疗管理系统，优化患者的就诊环境，为这个项目的传承发展提供保障。期待更多中医药爱好者和行业从业人员加入到非遗的活化传承中，福荫桑梓。

徐氏中医外科特色外治法

深圳叶氏正骨医术

（深圳市区级非物质文化遗产）

叶美容

深圳叶氏正骨医术代表性传承人

非遗名片

深圳叶氏正骨医术发源于深圳平湖辅城坳村，由当地叶氏家族创立，已有百余年历史。平湖于明后期建墟，清朝时已逐渐成为各行各业云集地，各类骨伤突位、跌打损伤、刀伤时有发生，叶氏正骨在方圆百里拥有较高声誉。目前，叶氏正骨医术分布于深圳龙岗区和福田区。

清同治八年（1869），广东新安县（今深圳市）辅城坳村人叶永阶（生卒年不详）创立了叶氏正骨医术，深受岭南客家传统正骨流派影响。

第二代传承人叶连英（1899—1964），叶永阶之孙，继承该正骨术，一直留在村里给村民治病。

第三代传承人叶满华（1934—2013）和叶美容（1953—），均为叶连英之子。叶美容从小跟随父亲叶连英和长兄叶满华学习正骨医术，完整承袭了叶氏正骨医术的精髓，多种传统治疗手段并重，针对患者具体情况实行不同的治疗手段，重视中西结合，医疗成效显著。1975年至

深圳·平湖辅城坳村

今，他接诊并治愈了 30 余万名骨伤病患者。

第四代传承人为叶美容的三个儿子叶穗新、叶穗强、叶穗坚以及叶满华的两个儿子叶富平和叶富强。

根据岭南的物产与湿度、气候，叶氏正骨医术采用当地出产的新鲜中草药入药，以当地出产的杉树作为整复后固定骨折处的夹板，并根据病情配以中药促进骨折愈合。不仅如此，叶美容家族还在诊所旁建起了叶氏本草园，园内名贵的沉香树、红豆杉、大叶驳骨草、小叶驳骨草等各类药材长势茂盛，让人惊叹。

项目特征

经过叶氏几代传承人临床实践的探索与总结，叶氏正骨医术已形成包括手法正骨复位、中草药外敷、药液外洗、按摩、拔罐和中草药泡酒等复合型骨伤治疗方法。治疗时，手法复位准确，再配以秘制药剂与物理治疗，患者痛苦少、康复快，远近骨伤病人都慕名求医，叶氏正骨医术已深得当地群众好评，在全国各地享誉盛名。叶氏正骨医术带有岭南客家传统正骨流派特征和民间医术传承特征，有着不可估量的医学价值、传统文化价值和社会价值。

（一）岭南客家传统正骨流派特征

叶氏祖先系南迁的中原人，南迁时一并带来了中原文化和包括正骨医术在内的各类技术，逐渐形成了独特的岭南客家传统正骨流派。叶永阶创立的正骨医术，其理论与手法具有明显的客家传统正骨流派特征，融合了岭南民间治疗骨伤病的招法和药理，如根据岭南物产与气候特征，采用当地出产的新鲜中草药入药，以当地出产的杉树作为整复后固定骨折处的夹板，配合饮食和内服中药，从而促进骨伤的愈合。

（二）民间医术传承特征

以前，服务于民间的诊疗技术多未留下相关著述，医术的传承多为口传心授，而且由于担心医术和秘方外传，基本上是传男不传女，大多传授给儿子、孙子，叶氏正骨医术的几代传承大抵也沿袭了这一模式，民间医术传承特征明显。

（三）医学价值、传统文化价值和社会价值

叶氏正骨医术在骨伤复位、活血化瘀、慢性关节病治疗、骨科康复保健等方面具有良好的疗效，免除了许多骨伤患者因手术治疗导致的并发感染、康复困难等诸多痛苦，对研究我国岭南客家传统正骨流派的形

成和发展进程具有很好的参考价值。同时，它为本地区中医诊疗骨伤病提供了十分重要的民间支持与补充，为相关知识的传承延续命脉，并为我国中医传统知识的研究提供了样本与素材。它虽为一项医术，但多数时候又像是传统文化的一个符号，譬如其"察伤"和"听音"的方法和口诀，体现出古人观察、描写事物的细腻与形象。

精编访谈

主持人： 叶氏正骨医术发源于深圳龙岗平湖的村落，是当地叶氏家族超过百年的历史传承，在正骨和复位的技艺上有着不俗的疗效。叶老，请您给我们介绍下叶氏正骨医术的特色。

叶美容： 我们拉骨头是有方法和配方的，需要几个人一起配合，正骨速度快，一个喷嚏的时间，骨头就回去了，一定要快，不能太慢，太慢的话患者很难受。接骨一定要助手配合，因为断骨的患者都是痛得很厉害的，甚至有痛晕的。我们速度快，他就舒服了，把药敷上去止痛，就没事了。

主持人： 就像麻药一样，疼痛感没有了，患者就安定下来了。

叶美容： 有时候患者看到自己的手弯了，就被吓晕了，不是痛晕的。我从来不开刀，我们正骨的速度很快。

主持人： 有人说中医也有用刀的？

叶美容： 也有动手术的，比如多发性骨折、连续性骨折、粉碎性骨折，骨头全部错位，或者断成几节错位的情况。

主持人： 但你们是不开刀的，就单纯依靠自己的手法、技术和中药？

叶美容： 不开。以前我们靠拇指摸，一摸就知道病人的情况。我们的秘方很有特色，比如患者骨头断了、弯了或者重叠了，来的时候差不多晕过去了，我把骨头拉正，然后再上药，就好了。

患者第一天来换药的时候说"好了，舒服了，不痛了"，再过了两三天，又说"可以拿东西了"。

主持人： 疗效很好。您刚才告诉我，患者如果有内伤，就吃药；如果是外伤，就上板子，对吧？能否让我们看一下您用的板子？

叶美容： 对。就是这种杉木板。

主持人： 这种木板怎么这么轻？

叶美容： 轻的话，病人就感觉不到重量，很舒服。如果打石膏，脖子会感觉很重，很痛苦。并且打石膏的时候，患者手还是肿的，等到消肿了，他的手会变弯。这种杉木板就不一样，我可以每天检查它是否松动，松了就加固。还要换药、检查皮肤，如果皮肤溃烂或者过敏泛红了，我们就停药，擦一点儿过敏药膏。这是我在自家院子里种的草药，叫大叶驳骨草，外敷用。以前治疗全部用草药，不得不种，现在不同了，治疗时我大部分用药粉。

主持人： 那时候是用新鲜的草药？

叶美容： 对，现在也会用，我一般是草药和药粉混在一起，板子也是来自家里种的树，我家的秘方是草药加小公鸡引药。

主持人： 草药加小公鸡？能治什么？

叶美容： 用来接骨。外敷，能让骨头生长快、止痛快，有恢复功能。主要是用小公鸡的肉来引药，充分发挥药效。对于第一天断骨、粉碎性骨折或者多发性骨折、连续性骨折的患者，加鸡肉做引药，敷上去马上就能止痛。

主持人： 您有几个孩子？

叶美容：三个儿子，都学这个，他们从小就学。

主持人：是您逼他们学的还是他们自愿的？

叶美容：他们愿意学。20 世纪 80 年代，我家分了田地，人家的儿子全部都去打禾苗、种田、割稻谷，我儿子就学正骨、包扎。

主持人：您这一辈子都在家乡，没有去很远的地方吗？

叶美容：没时间出去。现在儿子也做了二十几年医生了，才慢慢放手交给他们。

主持人：您父亲刚才说你们家的正骨疗法不用动刀子？

叶穗新：我以前会动刀子，因为在卫校都是中西医结合的，但我回来之后就没用过了，都用祖传的秘方。

主持人：您觉得效果如何呢？

叶穗新：相比起做手术，叶氏正骨手法复位损伤很小。

主持人：为什么？

叶穗新：因为手术要切开皮肤、肌肉，把钉子钉到骨头里，最后缝好，恢复的时间比较长。

主持人：就是说，这种牵引所带来的伤害，和切开皮肉带来的损伤比起来，您更愿意选择前者？

叶穗新：对。手法复位当时会拉伤一点点，但过后恢复很快，毕竟有中药外敷。

主持人：您应该算是一位新时代的中医人，在卫校专业学习过中西医，又传承了祖先的技术。

叶穗新：我已经养成了习惯，并且摸索到帮患者快速复位的方法，把这个东西研究得比较透彻了，也建立了自己的一套医治方法，就很简单。

主持人：在这个学习过程中，您会结合使用祖先留下的医书吗？

叶穗新：结合了，但做了提升。从事这个专业之后，会不断地去看、去钻研，而不是一味地为了传承下去。

主持人：叶氏正骨医术是传统中医药的重要组成部分，同时也充满了浓厚的地域特色和斑驳的岁月痕迹。

传承活化

现今，这位古稀之年的老中医，依然专注于祖传正骨医术的研究，培养他的三个儿子系统地掌握他多年积淀的实践经验，并推动传统正骨医术跟现代西方医学融合，让这项医术更加精深。叶氏正骨医术深得当地群众好评，在全国各地享有盛名。它的历史镌刻着客家传统文化印记，与岭南民间传统医术发展脉络契合，值得我们倾力保护和研究。它的健康发展和有效传承仍将继续造福广大骨伤病患者，为丰富传统医药宝库做出贡献，期待叶氏正骨医术像叶家本草园里的本草一样，继续在粤港澳大湾区开枝散叶。

深圳叶氏正骨医术

雷火针疗法

(深圳市市级非物质文化遗产)

罗正中

雷火针疗法代表性传承人

非遗名片

雷火针疗法，又称雷火神针法，由 2000 年前先民诊疗时焚香放炮的隆重场面而得名，该法一度被皇室垄断，秘不外传。中华人民共和国成立后，因政府重视中医针灸疗法而焕发生机。

第一代传承人朱琏（1909—1978），系著名针灸学家、中国针灸研究所首任所长。

第二代传承人田从豁（1930—2023），师从朱琏，中华人民共和国成立伊始，发掘雷火针疗法，积累了丰富的临床经验。

第三代传承人臧俊岐（1942—），针灸学家，是我国针灸"温和派"代表人物之一，20 世纪 70 年代师从田从豁，主攻雷火针疗法。

第四代传承人罗正中（1957—），副主任医师，湖北人，曾任部队医院针灸科军医和市级中医院针灸科主任。1992 年师从臧俊岐学习雷火针疗法，改进了传统雷火针疗法在配方、工艺制针及操作上的不足，拓宽诊疗范围，提高"针"的硬度，使药物渗透直接，达到"针""灸""药"并用的效果，获 5 项国家专利。

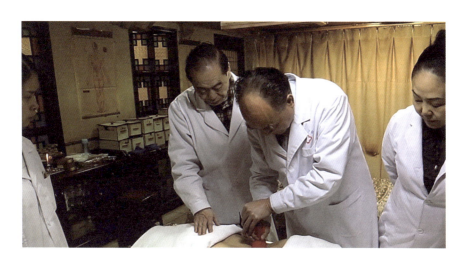

项目特征

雷火针疗法是我国医学宝库的宝贵遗产，"针""灸""药"并用，根据不同病种选取道地名贵中药，秘制成不同药粉，混合药粉和艾绒后，用棉纸制成艾条。因操作时实按于穴位，类似针法，所以称为"针"，糅合"针""灸"功效。雷火针"以灸代针"，首见于明代李时珍《本草纲目》，适用风湿骨痛及怕痛畏针者，受历代医家推崇。第四代传承人罗正中在临床中优化配方制作工艺，发明灸药垫，增加多型针垫配方，使该法变得更实用，应用范围更广。

（一）传统医技特征

雷火针施治手法仅用管形药针灸烤穴位即可获疗效，包含医家丰富的人体经络知识和"望、闻、问、切"等传统中医诊疗手段，以及对各类中药药性的掌握和对管形药针温度、施灸强度的把控经验。

制针、配方具体情况如下：

1. 传统制针及配方：将方药研磨制艾条，点燃一端，隔布数层，实压在穴位。

传统配方：祛风止痛方。

2. 新式制针及配方：将方药研磨，装入硬纸管（筒）内，捣实封装。

配方：祛风止痛方、软坚散结方、止咳化痰方、暖宫调经方等8种。

制灸药垫、配方（配方同新式雷火针）具体情况如下：

将方药研成细粉，将布裁成长150厘米、宽20厘米的布条，固定在桌面上。撒一次药粉，铺一层布，如此反复，得到12层布11层药粉，再呈"井"字形密密纫缝，制成药坯垫。最后，用铣刀"冲"成圆形灸药垫备用。

具体操作如下：

根据病症，选与配方一致的针具、灸药垫，点燃针具一端，隔数层布，垫灸药垫配一层红布，实压在穴位上，使热能药物渗透至肌肤内，受热强烈时，提针换邻穴上，反复数次，以肌肤红润为度。

（二）"药""针""灸"并用的特征

雷火针治疗法在治疗过程中，根据病情辨证选针、选垫施治。如：治疗乳腺增生包块，选用软坚散结针和垫，此方是在祛风止痛方上增加

了软坚破瘀的中药；若治疗腰突症，除用雷火针外，还要配合针刺、推拿正骨手法综合治疗，此法多用于少儿或畏针怕痛者，替代了传统针、药、灸的部分作用。

（三）医学价值、科研价值和社会价值

雷火针疗法约有 2000 年历史，根据中医理论指导治病，疗效好、安全性强。尤其是改良后，雷火针适应症广、见效快、无痛无针感、老少皆宜。除温热穴位的物理作用外，还有特殊中药配方的药理作用，患者经雷火针灸治后，白细胞及吞噬细胞数量提高，抗体指标增强，风湿病患者的病理指标降低等，这些诊疗实践中产生的大数据丰富了传统医学宝库，并对医学研究具有重要参考意义。另外，雷火针治疗对场地、用具要求简单，畏针怕痛者乐于接受治疗，一般患者经医生指点，在家也可自行操作灸治，若培养出一批高水平弟子，可令众多患者得到廉价而有效的治疗，其社会价值不可估量。

精编访谈

主持人： 雷火针疗法在古代又称为雷火神针法，是一种以灸代针的传统中医诊疗方式。点燃雷火针，按压于穴位之上、渗透于肌肤之中，会产生怎样的效果呢？

罗正中： 我们今天制作的是祛风止痛雷火针，我的针和垫、药方是相同的。现在我把药撒到艾绒里，让两者均匀混合。混合后，严格意义上要撒上酒曲，然后密封放几天，让其自然发酵，发酵完成后就可以制作雷火针了。我手里拿的这个纸管直径刚好，内径是 5 厘米、管壁厚度是 0.2 厘米，比较标准。最后，填充时必须要捣实，成品要包装到盒子里。雷火针里装的是艾绒，艾绒是由艾草打成的粉面，加入中药药粉，混

合而成。然后压实、包装，再加药垫。点燃一端，点透后盖上纸、药垫和一层红布，用来按压痛处，边压边揉，热力即刻渗入身体，药物也能顺着肌肤、穴位渗入身体。靠热力将药物瞬间渗透进身体，达到针、药和按摩的作用，"三位一体"。

主持人： 听起来有点儿像我们过去的艾灸。

罗正中： 这和艾灸有区别。雷火针保留了艾灸的原理，同时增加了一个药垫，这个药垫非常重要。

主持人： 垫子是您研发的吗？

罗正中： 是的，古代没有垫子，原来的雷火针也没有。我的垫子由 12 层布、11 层药粉制作而成。先把布摊在桌面上，均匀地铺上药粉，再盖一层布，接着再撒一层药粉，如此反复，总共有 12 层布、11 层药粉。用缝纫机缝好后，用剪刀裁剪，或用铣刀冲好，再进行封装。

主持人： 有点儿像过去纳鞋底子。您怎么想起来这么做呢？

罗正中： 传统雷火针里的药物很名贵，烧掉后渗透到肌肤和穴位里的太有限了，很浪费。我就把药粉粉碎，混合艾绒，然后捣实，改用硬纸筒封装，变成现在的雷火针。

主持人： 明白了。刚才您在我后脊梁这儿推揉，按压过程很润泽，我感觉到温暖、放松。雷火针里用的药材主要有哪些？

罗正中： 传统雷火针以祛风散寒、活血止痛为主，广泛用于风湿痹痛，我认为这个方子过于单调。我身边有很多小孩伤风感冒、咳嗽，且不愿意打针、吃药，还有一些女性患有乳腺增生、宫寒、痛经等，根据这些临床病患的需要，我设计出了不同功能的雷火针和药垫。

主持人： 您如何想起来去学习雷火针？

罗正中： 1992 年，我看到由我国著名针灸学家田从豁和臧俊岐两位老师合著的《中国灸法集萃》，这本书里讲了各种灸法，其中提到雷火针在临床的使用很少，可能因为不了解如何配方和操作。后来我到河南开封去找臧俊岐老师，拜他为师，学习雷火针。

主持人： 您现在还记得跟老师学了哪些内容吗？

罗正中： 头针、眼针、面针、耳针、舌针等，都属于针灸范畴，还请他教我雷火针的制作和操作，感恩老师倾心相授。回来后我发现，可能由于过去的制作工艺、原材料、环境等条件的限制，传统制药配方和制针方式不太适应临床需求，需要调整，于是我在制针和配方方面加以创新。

主持人： 您重新研发和创新了药物、药具和治疗流程？

罗正中： 是的。

主持人： 您是什么时候来深圳的？

罗正中： 2003 年。来深圳后，先后在罗湖区中医院、福田区第二人民医院工作。2010 年，深圳开放了中医政策，允许有资格的医生开办针灸诊所和中医诊所。于是我在 2011 年开办了自己的第一家针灸专科诊所。

主持人： 您的研发创新能力很强。

罗正中： 这也是与时俱进。没有创新就谈不上发展，更谈不上传承。要利用好现代科技，把传统医药继承下来的同时，进行创新、发展。

主持人： 与时俱进的创新，既丰富了雷火针内容，也丰富了中医大家族的诊疗方法和手段，让非遗项目生命力更久远。

传统医药

传承活化

中医针灸是我国传统中医文化的重要组成部分，其独特的康复理论与治疗方法在千年医疗实践中发挥了重要作用。广东长夏少冬，气候炎热潮湿，阳虚体寒人群适合使用"雷火针疗法"防治疾病。2005年，罗正中作为有突出贡献人才被招调到深圳多家医院针灸科任职。2010年，他以"雷火针疗法"为特色，在福田区创办正中堂中医馆，该中医馆被福田区社会医疗机构行业协会评为"特色针灸科"创建单位。在诊疗之余，他还授徒义诊、开办公益讲座、大力推动传承工作。根据人体生理结构设计20多种灸盒灸器、多功能自动灸疗床，复原脐疗灸炉，改良传统雷火针，发明净烟系统，解决困扰针灸界的艾烟问题等，先后获5项国家专利。非遗中医项目传承人与时俱进的拓展创新与深圳这座国际化现代都市的开拓勤勉相得益彰，期待这项古老神秘的中医疗法继续绽放，造福四方。

雷火针疗法

贾氏点穴疗法
（国家级非物质文化遗产）

陈荣钟
贾氏点穴疗法代表性传承人

据《明史·方伎传》《少林拳术秘诀》记载，点穴疗法创始人为明代张三丰，贾氏点穴疗法是现存为数不多的点穴流派之一，源自山东崂山，距今已百余年。历经李藏山、贾立惠、贾兆祥、陈荣钟、陈耀龙等传承人不断探索、积累和创新，形成完整系统的体系，并自北方南迁至广东。

第一代传承人李藏山（1878—1984）于崂山民间行医，在祖传达摩长寿秘功基础上创立气功点穴法。

第二代传承人贾立惠（1914—2003）师承李藏山，用点穴疗法治疗疑难病症，疗效显著，是该流派代表性人物。贾立惠于1966年被调入崂山县人民医院指医科。

第三代传承人贾兆祥（1947—），贾立惠之侄，为1988年卫生部拨款成立的我国唯一的点穴医院崂山点穴康复医院原副院长。

第四代传承人陈荣钟（1948—），广东潮州人，深圳市中医院点穴专家，广州中医药大学教授。20 世纪 80 年代在广东潮州医院任职，后赴崂山医院拜师学艺。学成归来后，于 1986 年成立点穴专科，1989 年成立广东省唯一的点穴治疗中心。2003 年，作为人才被引进至深圳市中医院，首创"点穴治瘫十法"克偏瘫、"以惊治惊疗儿瘫"、"唇睑刺激法治面瘫"学术理论，采用弹击点穴术等治疗方法，疗效显著。

第五代传承人陈耀龙（1980—）、陈淑慧（1980—），均为医学博士。在运用点穴疗法治疗面瘫、小儿脑瘫、颈椎病、腰突症、青少年脊柱侧弯、青少年近视眼方面，运用脏腑点穴调气治疗反流性胃炎、顽固性呃逆、顽固性咳嗽、月经不调、小儿消化不良等内、妇、儿科疾病方面，经验丰富。陈淑慧还是深圳市针灸（杨氏针灸疗法）项目代表性传承人。

项目特征

贾氏点穴疗法历经百余年的发展及几代人的探索、积累、创新，发展重心已自北南迁至广东深圳。根据不同病种和病情在患者体表适当穴位或特定刺激线上，通过点、按、掐、拍、叩等不同手法刺激经络作用，促进体内气血畅通，使已发生障碍的功能通过活动得以恢复。贾氏点穴疗法治疗方法多样、操作方便、疗效显著、注重医者医德，具有宝贵的学术价值、传统文化价值和社会价值。

（一）理论体系完整

几代传承人不断探索、积累、创新，使来自民间的点穴疗法由实践上升为理论，并整理出版多部专著，让这些专著成为贾氏点穴疗法的发展基石。

（二）治疗方法多样，疗效显著

点穴疗法"气""力"结合、刚柔并济，采用弹击点穴法，疗效卓著、立竿见影，临床上部分中风偏瘫患者经点穴治疗，可即时恢复步行功能。以指代针，操作方便，患者易于接受。

（三）学术价值、传统文化价值、社会价值

治病救人，医德与医术二者不可偏废。点穴疗法历史悠久，其理论、实践在中国传统医学中独具一格。有别于内科、外科、妇科、儿科等学术体系，点穴疗法植根于中医的阴阳、五行、脏腑、经络、气血理论，并融入太极、八卦等中国古代朴素唯物主义思想，具有明显的中国传统文化特征。求医者遍及海内外，取得了较好的社会效益。

精编访谈

主持人：点穴术古老而神秘，它不仅是传统武术的重要内容，更是传

传统医药

统中医诊疗手段之一，贾氏点穴疗法到底有哪些特色和绝活呢？医学上的点穴功夫是怎样的？

陈荣钟：点到就定住，这是夸张手法。点穴的老祖宗是明代张三丰，流派众多，我们流派的老师姓贾，一日为师，终身为父，因为尊重老师，我们申报非遗时就用了老师的姓氏。

主持人：您怎么认识贾老师的？您是如何将点穴疗法运用在医学领域的？

陈荣钟：我在一次学术会议上看到贾老师用手指点穴，治疗效果好。我们医院主要收治中风患者，贾老的点穴手法刚好对中风后患者下肢功能的恢复有效。西医的观点认为，大脑中枢是司令部，手指是末梢中枢，我运用中医的终始穴位治疗法，打通大脑中枢到末梢中枢的通道。在头上叩，在手指上掐，就像挖隧道，两头动工会事半功倍。治瘫重治节，关节僵硬了，就要打通，这是我的理论。在上海国际医学大会上，我用此法治疗坐着轮椅来的病人，先通过点穴疏通经脉，然后进行肌腱放松，打通关节，治疗大概花了20分钟，他直接站起来走路了。

主持人：现场是不是很轰动？

陈荣钟：是啊。那次之后，1995年国家体委（现国家体育总局）派我出国，因为我会打太极，又会点穴，能现场演示，我的太极老师是中国十大武术教练之一的门惠丰，非常有名。

主持人：您学太极跟学医有关系吗？您现在还坚持练太极吗？

陈荣钟：有关系，因为我要运气、练气。太极要吐纳、呼气，推出去呼，进来收，方才有用。我天天练，因为指力很重要，年轻时我的指力可以达到40多公斤。动作一定要快，才能够通筋达骨，疗效才会好。

主持人： 我现在能相信点穴可以把
人点晕过去，因为刚刚您
的出手力量好大。

陈荣钟： 功夫都是慢慢练出来的。
1966年，我高中毕业，因
为想当医生，就自学中医
经典，后来街道推荐我去赤脚医生学习班学习，用针灸、草
药、中药给居民治病。后来政府从100多名赤脚医生中挑选
10名到市人民医院实习，我很幸运被挑上，成了潮州市人民
医院的正式员工。后来又去读了汕头卫校，读完后又去了广
州中医学院（广州中医药大学前身）学习。

主持人： 当时您的老师是谁？

陈荣钟： 教内科的是国医大师邓铁涛，教妇科的是中国第一个妇科博
士罗元恺，教温病学的是刘仕昌，教儿科的也是名医。我当
时是班里的学习委员，跟老师接触也多，有更多的学习机会。
学习结束后被评为"广州中医学院学习积极分子"。

主持人： 多宝贵的学习机会，您还是爱学习的。

陈荣钟： 在潮州，我一天看五六十个病人，最多的时候一天可以看一百
多个。我也喜欢看那些老中医治病，看他们怎么看病、号脉、
开处方，我的宗旨是集百家之长，有他们的指导，我学得就
快多了。

主持人： 您不会错过身边的名医，这与您博采众长的习惯是分不开的。

陈荣钟： 对。所以我现在对儿子说，哪个医生好你就去跟他学习。我有
些东西，还是从我儿子那学的。

主持人： 您跟儿子学吗？

陈荣钟： 对，这不奇怪，因为他那套方法，我都不会。不要说年轻就

传
统
医
药

053

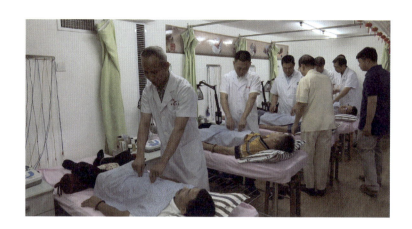

没有经验，有时候"三人行，必有我师"。他只要有一个好方法，你能够吸收，就有益处。你虚心向老教授、老专家请教，他们看你人比较谦虚、好学，就会跟你交流。

主持人： 这是一件相互成全的好事，因为他们有很多好的方法，你去博采他的长处，也是帮他传承，对中医学发展也很有帮助。

陈荣钟儿子： 小时候看到父亲每天不是在看病就是在写东西，后来才知道，原来一个好的医生对于病人来说多重要。父亲想让我继承他的疗法，他说我们做医生的除了养活自己和家人，还要做对社会有用的人。父亲的话让我深受感动，所以选填专业时，我毫不犹豫地选择了跟父亲一样的专业。现在这种疗法濒临失传，我作为父亲的直系后人，责无旁贷，必须把它继承下来。

陈荣钟女儿： 父亲很传统，他对我们的影响更多的是通过言传身教、潜移默化。小时候经常帮他整理患者的求医信和感谢信，一封封信里都是患者沉甸甸的期盼、喜悦、感恩。所以我们能潜移默化地感受到，作为医生，这个专业带来的巨大的幸福感，体会到医生这个职业的崇高。

传承活化

贾氏点穴疗法源自清朝李藏山家族，为民间郎中医技，经贾立惠发扬、创新后声名大噪。20世纪60年代，青岛医学院近10个医疗单位对其进行临床验证，疗效获肯定。第三代传承人陈荣钟更首创"点穴治瘫十法"克偏瘫、"以惊治惊疗儿瘫"、"唇睑刺激法治面瘫"等学术理论，采用弹击点穴术，疗效更显著。同时创"五指一线点穴法"和"双手同步点穴法"，开展"点穴治难疾"系列科研，获省、市科技进步奖近10项。出版《中国传统点穴疗法》《点穴与临床》等专著及科教VCD专辑，多篇学术论文在《中医杂志》等国家级刊物发表。与此同时，陈荣钟举办多期点穴疗法学习班，通过传统的拜师收徒方式，不断促进针灸、推拿、正骨等中医特色技术发展，使该疗法持续造福更多的海内外患者。

贾氏点穴疗法

肜裕兴谢氏艾灸
(深圳市区级非物质文化遗产)

谢延科

肜裕兴谢氏艾灸代表性传承人

非遗名片

肜裕兴源于清道光二十七年（1847），已有 170 余年历史，历经谢天兴、信义堂等商号更迭。肜裕兴商号最早开设于河南原阳延州镇，亦商亦医，家学渊源，代代相传，传承百余年来，为国内传统针灸家学传承典范，"一颗银针起沉疴，一把艾草祛顽疾"。

第二代传承人谢鸿信（1881—1945），河南原阳县人，开设肜裕兴杂货店、药铺。

第三代传承人谢锡禄（1912—2006），坐诊药铺看病、针灸。

第四代传承人谢锡亮（1926—2018），河南原阳人，师承中国著名针灸教育家承淡安先生，从医 60 余载，创办襄汾县中医院，临床教学上著书颇丰，被授予"针灸泰斗"称号。

第五代传承人谢国强（1941— ），河南原阳县人。

第六代传承人谢延科（1968— ），河南原阳县人，现居深圳龙岗区，毕业于山西职工医学院临床医学专业，融会中西医，潜心研究灸法30余年。参加编写《实用家庭保健灸法》，同时参与曹培琳教授著作的编写工作，后师承国医大师、山西中医药大学教授王世民，深得真传。以传承家学、弘扬针灸为己任，首创"4J养生理论"。

第七代传承人谢宇辉（2001—），山西省太原市人，澳大利亚墨尔本蒙纳士大学生物医学专业，传承关系为家传。

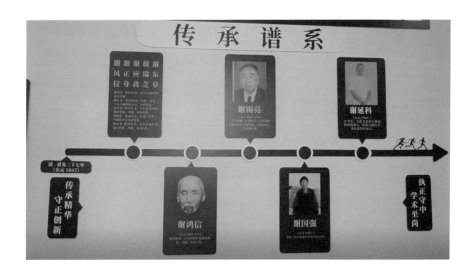

项目特征

谢氏艾灸以药王孙思邈《大医精诚》为行为准则，历经百余年发展。医者如孙思邈般安神定志，做好患者思想工作，从而提高疗效。取材讲究，采集端午后肥厚艾叶，陈放、加工、制绒，手工制作考究，艾条施灸灸感强烈，灸后用手法封热于体内，作用持久。谢氏主张用药贵专而不在多，取穴宜精而不在繁。简、便、廉、验能治大病，方为良医。针、灸、药并用，发挥中医特色治病方法。其主要特点是采用温和灸、雀啄灸、回旋灸、铺灸、雷火神针、麦粒灸等传统艾灸手法，具有不可小觑的历史价值、保健价值。

（一）医技特征

麦粒灸：1.烧灼感轻，痛苦小，一般人都能接受，包括小儿、妇女；2.费时短，每次8—10分钟，不影响工作；3.创伤轻微，不化脓，不用做善后处理；4.冒烟很少，不用排烟，还芳香空气；5.不留大疤痕，不影响美容，不灸面部及外露部位；6.治病多，对难治性疾病有良效，可以学会长期自灸；7.用于治未病，养生保健，延缓衰老；8.花费少，经济负担小，适合广大群众，适用于难治性疾病，慢性病和常年吃药受折磨之人。

雷火神针：谢氏雷火神针灸感强烈，可以快速缓解或祛除各种常见的疼痛，做悬灸用时穿透力极强。

铺灸：谢氏铺灸作用面积广、覆盖穴位多、施灸时间长，热力透达脏腑，效果卓著，为调理体质的首选。

悬灸：悬灸手法独到，尤其是灸后封穴和诱导感传等手法，均为谢氏艾灸独创。

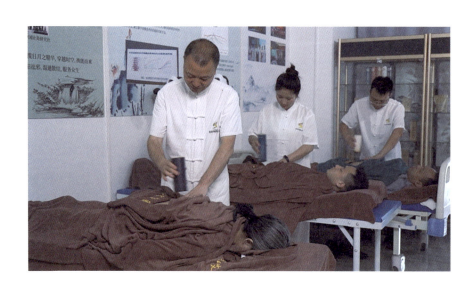

（二）历史价值

彤裕兴谢氏艾灸对近百年中国艾灸的发展有重要意义，其丰富的历史积淀对针灸事业的发展起到积极的推动作用。

（三）保健价值

现代人的体质寒湿尤重，适合做艾灸养生。彤裕兴谢氏艾灸在传承精华的基础上结合现代科技，创造出了更多现代人易于接受的新灸法，可造福更广大的人群。

精编访谈

主持人： 艾灸起源于远古时代，聪明的人类发现火的灸热可刺激伤患，愈合伤口，消解痛楚。古老的艾灸和现代的都市会碰撞出怎样的火花呢？老师可以为我们解读一下艾灸的原理吗？

谢延科： 太阳是天之阳，艾草是地之阳，艾灸要用艾草来做，艾草吸收太阳的能量，长出叶子，通过 3 年的陈化做成黄金绒，再做成各种艾制品。艾制品点着后燃烧产生红外线，进入人体产生温通散结、温阳祛邪的作用，可刺激人体血液循环，加快代谢，适用于各种寒证，像胃寒、气管炎、腰腿疼痛、风湿、类风湿等。

主持人： 艾灸对身体的保健很重要。您跟谁学的中医？

谢延科： 我爷爷。我小时候背了很多中医歌诀，高中毕业后开始正式学习中医。

主持人： 那时候您爷爷、爸爸是自己开诊所还是在医院上班呢？

谢延科： 爸爸在村里，爷爷在山西上班。

主持人： 你们家是中医世家，您为什么到高中才开始学中医？

谢延科：高中毕业以后，跟着爷爷开始实习，后来去学了西医，当时想着将来可以把中西医相结合，当大医生。

主持人：您今天带了很多东西过来，这是什么？

谢延科：这个小灸具，现在已经拿到了7项专利。它上边有一个灸帽，用来固定小艾条，把它点着以后插进去，模拟悬灸，把小艾条头朝下，产生的红外线直达人体，这样人体比较容易接受。在产品开发过程中，我们遇见了很多难题，但都一个个攻克了。最初的想法是点燃艾条后，它的热度会自然向下，但事实证明，要加上内层的热反射灶才能实现。这是双层结构，其实最开始时是单层结构，但我们发现热气下不来，因为热气都是往上走的。后来发现，需要用内反射结构，让热气向下走。但这时又出现了一个问题：艾条燃烧得越久，燃烧点离皮肤就越远，于是我们设计了弧形内反射结构，当高度提升时，通过加大弧度，更多地把热气反射下去，确保使用过程中是恒温状态。

主持人：这个能被点燃吗？

谢延科：可以。用法非常简单，艾条完全点燃后，把它插进灸具中，能看到艾条透过小孔往外冒烟。实际上这里还有几个专利，包括烟雾的二次过滤，在两层的夹壁里边进行了过滤，等烟传到空气中，就非常轻了。可以放在合谷穴上，有美容作用。

主持人：我现在感觉手上温温的，温度没有太大变化。这个产品，除了尊重艾灸的中医学原理之外，还加入了新技术，让它可量化，为更多的人诊疗、造福。

谢延科：对。

主持人： 您是什么时候决定在深圳发展这项事业的？

谢延科： 刚来深圳的时候，以打工为主，2008年辞职，开始创业。因为爷爷年岁大了，传承的担子总得有人接，我决定把这个事业干起来。刚开始大概用了半年多时间来收集艾灸的资料。因为我从小接触艾灸，能发现其中存在的很多问题。首先，效果该如何判断，没有客观的评判标准，后来我调阅了北京中医药大学、广州中医药大学、成都中医药大学、天津中医药大学、南京中医药大学这几所大学的针灸实验室的数据，同时找了国际上做热灸、热疗的数据，总结发现，艾灸合适的温度，要高于体温5℃以上，因为这时候热敏蛋白被激活了，离子通道打通了，灸感就出来了。所以我提出这样的标准：做艾灸，温度要高于体温5℃以上。古人是没有标准的，讲的是"灸不三分，是谓徒冤"，意思是灸的面积没有达到三分，等于白灸了。所以我们是按照唐代的三分开发底座孔径的，孙思邈《千金翼方》里讲，三分的面积刚好能覆盖一个穴位。包括灸头，也是按照这个标准做的。古人做艾灸全部

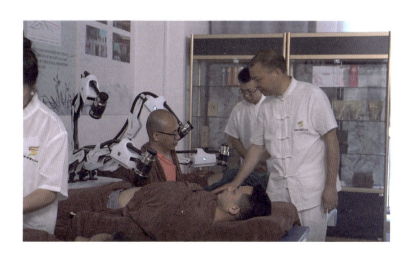

都是直接在皮肤上烧灼的，上边起泡后溃破，不断地流黄水、结痂，等到不流黄水了，皮肤愈合后，这个人的风湿病也就好了，但是在现代，人们害怕落疤，接受不了，所以要有新的工具适应现代人的需求。

主持人： 就是说您是在熟读古书、尊重古医理的基础之上，做了现代研发和创新。

谢延科： 这得益于深圳的高科技加持，还有良好的营商环境和政府职能部门的支持。

主持人： 您是如何利用传统技法造福大众，让更多人学会养生的呢？

谢延科： 20 世纪 80 年代初，我爷爷所写的《长寿与足三里》，讲的就是如何通过灸足三里穴位让人健康长寿。足三里是我们足阳明胃经的穴位，胃在五行学说里属土，足三里穴位也属土，所以足三里属于土经和土穴，我们把"土"调好，脾胃正常运转了，人的状态就变好了。

主持人： 艾灸很重要，尤其我们处于比较湿热的地方，对艾灸的需求度

很大，所以可量化是很大的突破和贡献。那它会造成创伤吗？

谢延科：我们经常开玩笑说，做艾灸大不了就是烫个泡。古人做艾灸就是要烫泡的，这样可以直接刺激皮下产生很多有益物质，人体体质也随之改变。

主持人：艾灸是传统中医药文化的一颗璀璨明珠，而谢氏艾灸在现代都市，在传承古老的基础之上不断创新、焕发新意。

传承活化

艾，揽日月精华，穿越时空，携能而来；灸，可温通散结。传承人谢延科自幼耳濡目染，从《汤头歌诀》《药性赋》《十四经穴分寸歌》背起，在爷爷谢锡亮、父亲谢国强的悉心指导下，潜心习医，现为中国针灸学会艾灸产学研联盟副理事长。谢延科 2001 年踏上了时代列车举家南迁深圳，梳理总结家传艾灸技法，并制定艾灸工具标准，使其研发的艾灸产品插上科技的翅膀，形成完整的彤裕兴谢氏艾灸体系。2019 年谢延科与谢锡亮弟子关玲博士捐款 20 万，于山西中医药大学设立谢锡亮奖学金，以激励学子。2020 年成功推动此医技纳入深圳市龙岗区非物质文化遗产名录。在传承人的努力推广弘扬下，彤裕兴谢氏艾灸如今在南粤大地落地生根、开枝散叶；创立五度艾灸理论，引领艾灸进入数字化阶段。

彤裕兴谢氏艾灸

骆氏腹诊推拿术

（广东省省级非物质文化遗产）

骆仲遥

骆氏腹诊推拿术代表性传承人

骆氏腹诊推拿术源自河北省武邑县，是传统中医药之瑰宝。于19世纪中叶创立，已经历四代传承。

第一代传承人骆化南（1846—1929），河北武邑人，精通跌打损伤之术且博采众家手法之长，继承几近失传的古代腹诊法，创立独特的腹诊推拿术。

第二代传承人骆俊昌（1881—1965），骆化南之子，自幼聪慧，刻苦揣摩，技艺不断精进。抗战时期，先后在河北、重庆一带开办医馆，诊疗病患无数，因其精湛的腹诊推拿技艺名震当时的"陪都"重庆甚至整个西南地区。中华人民共和国成立后，第七军医大学（现中国人民解放军第三军医大学）特别邀请骆俊昌及其全家（包括其夫人吴淑云和其子骆竞波、骆竞洪、骆竞湖）至第七军医大学第一附属医院（即西南医院）工作。

第三代传承人骆竞波、骆竞洪（1927—2019）和骆竞湖，继承祖传腹诊推拿技艺，在第七军医大学任教，并担任西南医院推拿门诊部医师。骆竞洪于1989年携子侄至深圳行医，成立"骆竞洪中医推拿专科诊所"，其推拿专著《实用中医推拿学》被民政部翻译成盲文出版。

第四代传承人骆仲遥（1953—）、骆仲达（1954—）和骆仲逵（1956—）等。骆仲遥系医学教授，河北武邑人，曾任重庆市江北区第一人民医院推拿科负责人。1989年，第四代传承人跟随第三代传承人举家来到深圳，传承创新骆氏腹诊推拿术，颇有建树，并担任《中国推拿百科全书》主编。

项目特征

骆氏腹诊推拿术历经家族四代人100余年传承，其临床、教学和科研等工作在国内外推拿按摩学术界具有较大影响力，是运用中医腹诊理论判断疾病之表里、寒热、虚实以指导临床辨证施治的推拿方法，具有鲜明手法治疗特征、医学价值、文化交流价值和社会价值等。

（一）医术特征

腹诊的方法主要为望诊和触诊，通过观察腹部形态变异，触知腹壁紧张度及是否有块状、索状、网状等不同情况，为诊断提供必要依据。再按八纲辨证方法判断其阴、阳、表、里、寒、热、虚、实及与全身的关系，从而确定推拿的治则。腹诊推拿的治法有补、温、和、通、消、汗、吐、下，称之为"治疗八法"。其主要手法有推、拿、按、摩、捏、揉、搓、摇、引（牵引）、重（包括肘压、膝压、踩法）等10类62法。操作部位以腹部和躯干部为主，兼及全身各部。

（二）医学价值

骆氏腹诊推拿术，有着区别于西医诊断治疗学的思维方式、理论内容、防治原理、治疗方法，可补西医之不足，发挥其特有的优势，推动医学发展和变革，为人类健康做出贡献。

（三）文化交流价值

骆氏腹诊推拿术经四代传承，铸就传统医学的家教文化，不仅传承推拿技术，更强调高尚医德。其言传身教和传统医药文化对骆氏腹诊推拿术的传人及其教授的学生均有教化功能。该医术在海内外享有盛誉。40多年来，中国港澳台地区和美国、日本、马来西亚等国家均有人来深圳学习骆氏腹诊推拿术，并出版（发表）关于骆氏腹诊推拿术的专著和论文等。骆氏腹诊推拿术受到世界瞩目的同时，也具有一定的国际交流价值。

（四）社会价值

骆氏腹诊推拿术具有简、便、验、无毒副作用等特点，符合国际自然疗法趋势。对许多吃药、打针疗效不佳的各科病症，如颈椎病、肩周炎、腰椎间盘突出、糖尿病、高血压、失眠、中风、女性更年期综合征、亚健康等效果甚佳。在医疗资源稀缺的边远地区、乡村地区，该医术配合中草药，可发挥重要作用。

精编访谈

主持人： 推拿术在东方民族有着非常悠久的历史，它是一种非药物的自然和物理疗法，可以为人们缓解病痛。作为省级非物质文化遗产的"骆氏腹诊推拿术"有着怎样的绝活和特色呢？骆老师，骆氏腹诊推拿术是您家祖传的吗？

骆仲遥： 对，从我的曾祖父传下来，到我是第四代。我从 8 岁开始，跟爷爷、奶奶、爸爸学习腹诊推拿术。

主持人： 它有哪些特别的地方？

骆仲遥： 腹部推拿诊断，《黄帝内经》里就有记载。但由于明清时期比较看重封建礼教，认为男女授受不亲，医生要看病，不能直接摸患者的手，要在屋里面用丝线搭脉。所以腹诊推拿术基本失传了。只是我的曾祖父学到了这门技术，把它保存下来，传给我父亲，父亲再传给我们。所以说，腹诊推拿技术，通过我们骆家传承下来了。中医的诊断离不开四个字：望、闻、问、切。很多人说腹诊推拿就是摸肚子，只说对了四分之一。腹诊推拿包括腹部的望诊、闻诊、问诊、切诊，通过四个步骤来诊断才叫腹诊。第一是望诊，我们通过观察患者肚子的形状、外观，就大体知道问题所在了。比如说肚子鼓起来，最常见的是气胀。第二是闻诊，如果肚子叫得特别响，且不停地响，说明有慢性肠炎；如果腹部没有肠鸣，西医叫肠麻痹，就是肠子不蠕动了，是很危重的症状。第三是问诊，问患者肚子哪里痛，不同部位的疼痛代表不同的病。第四就是我们常说的切诊，就是我们俗称的"摸肚子"，用手来摸肚子，就知道病情的轻重缓急了。摸肚子有一定的次序，比如任脉怎么摸，两侧怎么摸，左右怎么摸，然后判断出腹部的腹证、腹型。块状形、网状形、条索状形等分别代表不同的病。比如农村常见的肠蛔虫，能摸到肚子的蠕动，蠕动的地方变化很快。

主持人： 这太吓人了。

骆仲遥： 所以，凡是摸到肚子在跳动，如果还有脸色萎黄、精神不振的症状，中医就判断是蛔虫病。摸的时候如果没有抵抗肚子就陷下去，且手有插到香灰的感觉，那就是绝症，说明人已经不能治疗了，不久就会去世。

我曾祖父是搞武术的，据说是个武术高手。到我爷爷这代以后，开始把用腹诊推拿调理内脏病作为特点。我爷爷这一代一开始在河北行医，抗战以后，他们就随迁到重庆开了个医馆。因为他的腹诊推拿比较特别，专门治疑难杂症，云南、贵州、

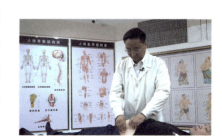

四川等地患有疑难杂症的人，都来找他诊治，所以在当地挺出名。中华人民共和国成立以后，重庆原第七军医大学，听说了骆氏的腹诊推拿医馆，专门治疑难杂症，技术很厉害，就去考察。军医大学一般以西医为主，对于中医，特别是推拿，也是半信半疑。调查结束后，他们说这个方法确实有独特的地方，治疗疑难杂症很有效果，最后就跟我爷爷、奶奶他们商量，说把我们全家都聘请到第七军医大学工作，专门成立一个西南医院推拿门诊部，由爷爷担任推拿门诊部主任，我奶奶、叔叔、伯伯全部在里面工作，全部列入部队编制。爸爸跟我说军医大学相当于部队里的西医高等学府，专门为我们开了一个门诊部，这个待遇在全军都是很少见的，说明他们很认同这项医术。

我是家里的长子，兄弟姐妹四个，都学医。我 8 岁开始接触，13 岁时正式学医。因为在家里没事，父亲就开始教我们，所以我在家里埋头学了 5 年医，可以说是扎扎实实把家里所有的中医、西医的书都学了，因为我父亲中医、西医都教，他想把第七军医大学所有的教材都灌输到我们头脑里。

主持人： 您是被选择学医的？

骆仲遥： 应该是被选择的，我们全家都是被选择的。父亲的要求很严厉，而且也容不得你去想做其他的。

主持人： 那您是怎么来到深圳的？

骆仲遥： 20 世纪 80 年代末，深圳市卫生局请我父亲到深圳办了一期全国推拿医生的提高班，来培训的医生都是主治医师以上的级别。讲完课后，深圳这边说我父亲是人才，把他留了下来，把我们全家调进深圳，所以重庆的腹诊推拿术就落户深圳了。

主持人： 深圳像一块磁铁一样善于吸纳各种人才，您打算如何把这一项

传统医药

医术传承下去?

骆仲遥: 我有个计划,用 3 年的时间,就是在我 70 岁之前,以办学习班的形式,为全国 2800 多个县级行政区各培养一名传承人,把这项医技公开传授给更多的人。

主持人: 骆氏腹诊推拿术,可以说是历经四代、辗转三地而立足深圳,在著书立说和广收门徒的基础之上让这项中医瑰宝熠熠生辉。

传承活化

海内外医疗界十分重视此传统疗法。20 世纪 80 年代,奥地利推拿研究所聘请第三代传承人骆竞洪教授担任名誉顾问。1992 年起,台湾民俗疗法学会每年都来深圳考察学习腹诊推拿术,并于 2000 年邀请骆仲达教授赴台进行学术交流。2003—2004 年,骆仲遥受聘赴马来西亚担任亚洲传统医药学院客座教授、三九海鸥中医诊疗中心临床专家。其间,治愈不少海内外患者,享誉业界。

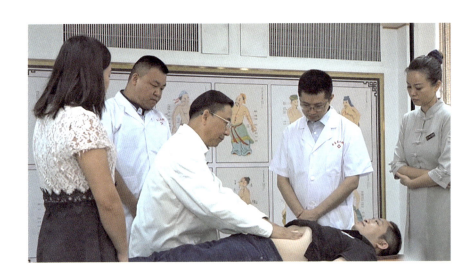

骆氏腹诊推拿术学习周期长、难度大、传承任务艰巨。为了更好地保护这项医术，深圳相关职能部门组织力量积极抢救这项本土非物质文化遗产。2008 年，成功推动"骆氏腹诊推拿术"被纳入深圳非遗保护名录。2013 年，骆氏腹诊推拿术被列入广东省非遗保护名录。如今，骆仲遥虽年逾七旬，仍不知疲倦地推广中华传统医学，希望有生之年能在全国 2800 多个县级行政区中各培养一名腹诊推拿术的传承人，使这项医术像李小龙的功夫一样，被全世界广泛认知、接受，成为中国独特的"养生功夫"。我们期待这朵医学奇葩持续绽放异彩。

骆氏腹诊推拿术

杜氏肛肠疗法
（深圳市市级非物质文化遗产）

杜克义
杜氏肛肠疗法代表性传承人

非遗名片

　　杜氏肛肠疗法始于清末民初，有150多年历史，历经了5代16位传承人。杜氏肛肠疗法源起于天津地区，发展于京津地区，兴盛于广东深圳，目前主要分布在广东惠阳，深圳福田区和宝安区等地。

　　创始人杜金峰（1840—1912），于清末在天津一带行医。

　　第二代传承人杜秀田、杜鸿三、杜紫卿、杜绍臣，生卒年均不详，1924年起在北京行医，兄弟四人是京、津两地中医外科治疗肛肠痔瘘的开拓者。

　　第三代传承人杜家驹、杜家模、杜幼卿、杜幼臣，生卒年均不详，均在京津一带行医。

　　第四代传承人杜克礼、杜克文、杜克千、杜克定、杜佩玲，曾在北京、天津、洛阳行医。杜克义（1938—），天津人。1983年南下深圳，先后创立了深圳市中医院肛肠科、福田医院肛肠专科医院（现已更名为深圳市中医肛肠医院）、深圳恒生医院肛肠科，主持手术4万余例。曾任深圳市政协委员、广州中医药大学兼职副教授、广东省中医学会肛肠分会理事等职。

第五代传承人杜宗浩（1969—），专科毕业于天津中医药大学，本科毕业于湖北中医药大学。协助父亲杜克义创办福田医院肛肠专科医院（现深圳市中医肛肠医院）、惠州市第六人民医院惠阳土湖肛肠分院、福田区人民医院肛肠专科。杜韦静，医学博士，现任深圳恒生医院肛肠科主任并任肛肠学会理事，曾设立恒生医院杜氏肛肠诊疗中心、中海医院集团慈海医院杜氏肛肠专科、中海医院集团中海医院杜氏肛肠专科等。

项目特征

百余年来，杜氏肛肠疗法为无数患者解除肛肠疾患。以深圳为例，目前有两家医院（深圳市中医肛肠医院、深圳恒生医院）依托杜氏肛肠疗法成为肛肠专科医院或成立肛肠重点科室，每年为海内外约1万名患者解除病痛。杜氏肛肠疗法历经5代16位传承人150多年的努力，依据中医中药、中医外科和西医外科基本原理，通过长期诊疗和创新实践，依托特制中药制剂和中医外科手术，治疗肛瘘、痔瘘、肛痈等肛肠疾病，具有方药精准、手法精妙、标本兼治、疗程短、手术创面小、患者痛苦弱、经济实惠等鲜明特征，走出一条中西医结合治疗肛瘘疾病的创新之路。

第四代传承人杜克义携子女南下深圳，将多年积累和创新经验无保留地传授给科室医务人员，培养近百名专科人才，产生一定医学价值、文化价值和社会价值。

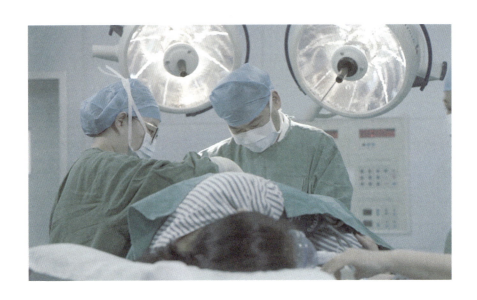

（一）内外兼治辨证医疗

杜氏肛肠疗法认为痔瘘疾患的发生多与阴阳失衡、脏腑功能与气血通调有着密切关系。因此，局部治疗必须与病因治疗相结合，即治标与治本相结合。不仅强调手术的技巧，而且强调中药（包括内服和外用）的辨证施治在手术前后的重要性，即局部手术治疗与整体病因的治疗是辨证统一的关系，二者相辅相成，相得益彰。

（二）中医药物与中医外科手术相辅相成

杜氏肛肠疗法根据病症采用不同的用药和手术方法，并将二者有机结合，根据病情发生、发展的不同阶段灵活运用"消""托""补"三法辨证施治，手术外治法中的"刀剖""枯痔""结扎""挂线""截根"均强调精、准、轻。术后创面由实施手术医生对症处理。

（三）不断创新

不断创新完善的杜氏肛肠疗法，为无数患者解除肛肠疾患，为中医

深圳非遗·第一辑

和中西医结合痔瘘专科的建设和发展做出贡献。第三代传承人杜幼臣炼制的膏丹在继承传统的基础上大胆创新，临床效果进一步增强。第三代传承人杜家模首次将针刺麻醉应用于肛肠手术，并成功研制肛肠术后的长效止痛剂，为全国肛肠界使用。第四代传承人杜克义在药物创新，手术器械，医疗原则、方法、流程等方面将杜氏肛肠疗法推向新高度。第五代传承人杜宗浩、杜韦静在诊疗过程中尤其重视与西医、西药和科技的有机结合，在临床中大胆使用西医药物和技术，并设计一次性负压灌肠器、防痔有氧坐垫（智能型）、痔疮熏洗坐浴治疗智能一体机等医疗器械，使得杜氏肛肠疗法的应用更加方便，疗效更为显著。

（四）医学价值、文化价值和社会价值

杜氏肛肠疗法为中西医结合治疗肛肠疾病创造新路径。家传秘方治疗溃疡性结肠炎的特效方剂验方肠炎宁一号，已实现科研课题结题，荣获国家"星火奖"。验方肛门疾病坐浴药杜氏祛毒汤已经申报专利药检，具有较高的医学研究价值。因其突出成就，第四代传承人杜克义于2002年被评为"三个代表实践者"，出席北京人民大会堂颁奖大会。第五代传承人杜宗浩、杜韦静于2016年获得中国中医药研究促进会肛肠分会评审专家委员会授予的"全国中医肛肠专业优秀科技工作者"称号。

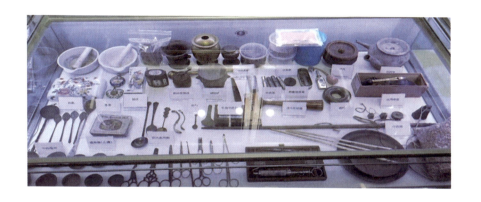

传承人在医疗实践中秉承着"医者仁心，患者为本""不以盈利性为第一追求"的理念，收费低廉，在解除患者病痛基础上减轻其经济压力，充分体现中华民族传统文化精髓。其良好的医德医风，充分体现"杏林春暖"的中华优秀传统文化内涵。目前，深圳两家医院依托杜氏肛肠疗法成为肛肠专科医院或成立肛肠重点科室，总计收治病患 4 万余人，解除了众多患者的病痛。

精编访谈

主持人： 杜氏肛肠疗法是怎样的一种诊疗方式？

杜克义： 肛肠疾病主要来源于痔和瘘，现在生活水平提高了，饮食越来越丰富，容易引发肛肠疾病。我刚到深圳时，100 个病人里只有三到五个患有肛瘘，发病率 3% 左右，现在肛瘘的发病率增长到 40%。热气下注直肠、女同志怀孕挤压、都市人工作强度较大等原因都会引发肛肠疾病。瘘，就是肛门胀肿，分内口和外口。肛门胀肿的破溃有两种，一种是自然破溃，另一种是拿刀子捅一下，或者像过去一样，用烧红的针捅破出脓，出了脓的叫完全性肛瘘。

主持人： 如何治疗呢？

杜克义： 过去的治法叫铜钱坠，就是从肛门的内口到外口穿一条线，上面吊着一枚铜钱。病患一走路，穿着铜钱的线就会被拉住，一点一点地把伤口豁开，让伤口一边烂一边生长，这样不会直接破坏内、外括约肌，别看它方法土但很管用。

主持人： 您今年高寿？

杜克义： 我 83 岁了（2021 年），现在还能给病人做手术呢。

主持人： 真了不起！您什么时候来的深圳？

杜克义： 多年前，父亲曾在病床前告诉我，将来要到南方去。因为肛肠疾病在越热的地方发病率越高，并且南方缺肛肠科医生。1983年，正好赶上深圳改革开放的浪潮，我就来了深圳华侨医院，华侨医院是中医院的附属医院，我在那一直工作到退休，退休后创办了福田医院肛肠专科医院，担任首任院长。

主持人： 就是说，退休之后您又像创业一样干起来了。

杜克义： 对。

徒　弟： 肛肠科在很多人眼里不是一个好专业，它脏、臭、累，每天面对的是很尴尬的人体部位，一般人可能接受不了，但杜老师从十几岁坚持干到了八十多岁。杜老师最吸引我的是他的匠人精神，他能够根据患者的差异性设计出有针对性的治疗方案，辨证施治。他反复跟我强调，一个好的医生，不仅要能祛除病痛，还要让病患更好地恢复。对于我们年轻人来说，这种精神非常值得学习。

杜宗浩： 12岁时，经常在爷爷开的诊所里帮忙，比如研药、递手术器械等等，我是在这种环境下长大的。真正下决心去学中医是1996年，我上了天津中医药大学学员班。

主持人： 您是发自内心地想去传承家族技艺？

杜宗浩： 刚开始有些为难，因为天天对着屁股感觉难为情，但是被家里的氛围熏陶，感觉帮助患者能产生幸福感和成就感，这些促使我想把家族疗法发扬光大。现在除了家族直系传承，我还会去培训基地招收学员。另外我还设计研发防痔坐垫，可以跟手机 App 相连接，用来提醒患者久坐不要超过 1 小时，有助于血液循环。

主持人：杜氏肛肠疗法始于清末，享誉京津及南粤大地，以扎实的中医药传统知识的基础，结合现代科技，不断地推陈出新，诊疗疾患。

传承活化

中医外科在中医领域所占比重较小，杜氏肛肠疗法因其"特殊性"（脏、累、臭等特征），其从业人员和医疗资源则更为稀缺。面对严峻的传承形势，杜克义老人虽已年逾八旬，但在传帮带路上从未停歇，与其子女第五代传承人杜宗浩、杜韦静，通过开办医院、学术研究、培养学科带头人和义诊等方式传承杜氏肛肠疗法。杜老挖掘、整理中医古籍，从药物到手术技巧等着意研究，结合现代医学提高科技含量，让杜氏中西医结合专科特色的诊疗方法推陈出新，为中西医结合治疗肛肠疾

病开辟新路径。深圳市中医肛肠医院和深圳恒生医院肛肠科在他们的带动下，在造福粤港澳大湾区广大病患的同时，提升了项目活性传承的造血能力。

杜氏肛肠疗法

传统美术

剪纸（剪影）

（广东省省级非物质文化遗产）

刘期培

剪纸（剪影）代表性传承人

非遗名片

剪影，又称剪像，是一项历史悠久的民间传统工艺美术，源起我国古老皮影戏艺术，是劳动人民智慧的结晶、中华文化的瑰宝。剪影在民间多地广为流传，不断演化形成不同风格流派，剪纸（剪影）便是其中一支，已逾百年历史。

第一代传承人刘继康（生卒年不详），四川彭州人，二十世纪二三十年代从事剪纸（剪影），擅长绘画、书法，因乐善好施有"刘大善人"之誉。

第二代传承人刘述宝（1933—1994），著名剪影艺人，家承剪影绘画，亦因常为乡邻剪影造像而深得爱戴。

第三代传承人刘期培（1961—），从小耳濡目染剪影艺术，父亲言传身教和严格训练使其水平"雏凤清于老凤声"，达炉火纯青的境地。1993年定居深圳，在民俗文化村从事剪影工作，并在中国各大旅游景区为国内外政要名流剪影留像，其作品流畅的线条超越形似，达到形神兼备的效果，受到国内外剪影爱好者的高度评价。

第四代传承人刘雅洁（1986—），刘期培之女，2009 年正式出道，至今已有 10 多年，积极参与非遗进校园活动。

项目特点

剪影起源于古老的皮影戏，运用物体投影、侧面造型等手法塑造人物形象。皮影材料采用动物皮革与刻刀，剪影材料则是纸张和剪刀，剪影在皮影人物造型基础上充分发挥"剪纸"的特点，比"刻皮"更灵巧。融合创作者的艺术感受，采用夸张手法挖掘被创作对象的内在形象美、幽默美和含蓄美，使其成为高度概括的逆光造型，剪影成为源自皮影又区别于皮影的独特民间造型艺术。剪影演绎方寸间的百般变化，更是千年技艺的文化缩影，在历代艺人中不断传承发展，具有浓厚的中国民间艺术特色和重要的历史人文价值。

（一）技法特点

1．剪得快：经过多年历练，刘期培的技法已十分娴熟，可达到"眼快手快、心手合一、剪如游蛇、行云流水、一气呵成"的效果。一般情况下，约 10 秒即可完成一幅作品。

2．抓得准：刘期培观察人物细节极其准确，除了勾勒侧影，更注重表现对象的五官曲线之美，眉眼鼻口棱角分明，剪出的作品形态明显、线条分明，连睫毛、额头上的皱纹都清晰可见。

3．韵味神：剪影艺术创作除了要做到形似，更要做到神形兼备，是一门微差出窍的艺术。

4．善表演：在剪影现场，围观群众较多，刘期培能够顺应当下潮流，活跃现场氛围，引得观众拍手叫绝。一句"OK"，更与观众形成互动，达到了街头艺术表演的效果。

（二）历史人文价值

剪影艺术，区别于其他美术类品种，作品造型简练、线条流畅、形象生动，既保留了其传统匠心风格，又不落俗于现代潮流，受到当代许多人的青睐。如今，旅游已然成为文化产业的重要组成部分，在旅游景

点设置剪影艺术展示，深受群众的喜爱。不仅如此，剪纸（剪影）经常代表深圳非遗到马来西亚、美国、阿联酋、德国等国进行剪影表演，起到极好的传播中国民间文化的作用，具有重要的历史文化价值、艺术审美价值和文化交流价值。

精编访谈

主持人：您做剪影很多年了？

刘期培：剪影是我们家祖传的，我爷爷传给我父亲，父亲再传给我，六七岁左右我经常看父亲画、写、剪，从那时开始就喜欢上了。

主持人：剪影和其他艺术不一样，通过一张纸的侧面表现人物外表和内心，是非常难的，您是怎么做到的？

刘期培：小时候听我父亲说，别看剪个人像很简单，其实很深奥。每个人都有不同的特点，要把他的内心世界和神韵剪出来，不是几天的工夫就能办到的。我父亲带我去看张大千的画展，我一看，标价 48 万，就问爸爸是不是写错了，张大千很厉害，他从小就能够坚持画画，画到世界有名。有一天晚上，我妈妈在做针线活，我看到她被煤油灯照在墙上的侧影特别好看，我问爸爸能不能剪一个妈妈的侧影，他就剪了给我看，我看了之后觉得很有意思。从那个时候开始，不管去哪个地方，我始终会观察人或事物的侧面。后来有一天，我很想体现一下自己的价值，就在大街上帮人剪影。当时有很多人问我这个是做什么的，我说，是剪影，剪一次两毛钱。

主持人：那是您第一次营业吗？

刘期培：对，第一天挣了 9 块多钱还是 11 块多，我忘记了，反正不少。那天晚上我给爸爸写信，说观众终于认可我了。从那以后，我

传统美术

一直坚持边学习边练习。直到有一天，有位老先生让我去参加四川省首届民间艺术节，我参加了，并得了"特别奖"。后来锦江区艺术协会叫我加入他们，到处去比赛，我觉得很有意思。

主持人： 在那个年代，除了您，还有没有其他人在做剪影？

刘期培： 有一位上海的七八十岁的老先生，虽然他的剪法和我的剪法不一样，但是他经常给我指点迷津。以前我们都是用座机联系，后来就打不通了，我想他可能早就过世了，太遗憾了。

主持人： 您是怎么到深圳来的？

刘期培： 我父亲跟我说，你一定要走出去，把我们的艺术发扬光大。1992年，深圳锦绣中华的领导给我们老家的领导打电话，叫我过来深圳。来了以后我发现锦绣中华和民俗村里很漂亮，从那个时候开始，我就爱上民俗村了。

主持人： 从这个意义上来说，民俗村有点儿像您的半个家。

刘期培： 我已经把民俗村当成家了。当时我住在白石洲，但是在那边光搬家就搬了9次，租的房子不是小偷多，就是蚊子多，生活很艰辛。

主持人： 那为什么还要留下来？

刘期培： 我有剪刀就可以生存，而且大家都很认可我的手艺，我心里面就很舒服。我都是免费招收徒弟，只要是不为名、不为利地喜爱剪影，我就喜欢教。去年收了一个广西徒弟，家里面很穷，他的父亲是个残疾人，家里靠母亲一个人种田养活几个孩子。他很有孝心，每次回去都帮家里做农活，我觉得这小伙子不错，就收他为徒。

刘雅洁： 小时候，我真的不理解父亲的工作，只知道跟我身边小伙伴的父母的工作不一样，而且我挺不喜欢的。

主持人： 为什么？

刘雅洁： 还没有上学之前，我就跟着爸爸走南闯北，他去哪个庙会，我就跟到哪，他在剪，我就在旁边看，风吹日晒的。而且逢年过节，大家团聚时，他总不在家，因为那个时候他是最忙的，到后来我才慢慢地感觉到，这门艺术不仅仅是一份工作，还是一种精神，现在很多人都缺乏匠人精神。

主持人： 在这个过程中，让你觉得特别骄傲的活动和事情有哪些？

刘雅洁： 2011年在大运会上，给全世界的运动健儿表演时，发现他们都很喜欢这项技艺，让我再一次感受到这门艺术的意义，让

我更加坚定地做这门艺术。我还去查询了和非遗相关的资料，发现国家级的非遗传承人，一共1086位，40岁以下的仅有7位，传承人年龄明显呈现老龄化，如果没有人传承，非遗项目就面临失传。

主持人： 每个非遗项目在历史长河中都是一段小小的碎片记忆，当我们把这些非遗项目缀在一起时，你会发现，很多灿烂的历史，都在这儿星星点点地呈现。

传承活化

历经几代变迁，如今剪纸（剪影）艺术已被越来越多人接受、喜爱。第三代传承人刘期培打破"传男不传女"的禁锢，在深圳南头古城成立剪影工作室，广收门徒，免费传授该技艺，在粤港澳大湾区收获了大批年轻"粉丝"。近年来，刘期培多次参加各级重要的"非遗"项目艺术展示活动和表演，还受邀到多个国家进行剪影表演，为非遗保护的宣传推广和中外文化交流做了许多工作，取得了出色的成绩。

剪纸（剪影）

传统植物染色

（深圳市区级非物质文化遗产）

陈科霖

传统植物染色代表性传承人

非遗名片

　　植物染色技艺，已有逾千年历史。西周时《周礼》一书记载，设有专门管理征敛植物染料的"掌染草"和负责染丝、染帛的"染人"等官职。民国三年（1914），湖北汉口花楼街交通路口有一家名为"清永斋"的店铺，店主闵永义（约 19 世纪 70 年代—1935）乃湖北武汉黄陂区人，家族产业与植物染色有关，精于植物染色技法。

　　第二代传承人闵启茂（约 1909—20 世纪 60 年代），植物染工匠，为闵永义之子，传承关系为祖传。

　　第三代传承人黄荣华（1956—），闵启茂之外甥，湖北武汉人，现为北京国染馆、武汉汉方手染非遗研究所创办人、理事长，湖北省省级非物质文化遗产"传统植物染料染色技艺"代表性传承人，从事纺织服装行业近 40 年。

　　第四代传承人陈科霖（1993—），深圳宝安人，2015 年起，向黄荣

华学习植物染色技法，传承关系为师传。2018 年于深圳宝安区创办植物染色基地，设厂开店，通过传统植物染色与服装设计结合的方式，复兴植物染色的传统技法。

项目特征

植物染色，即以大自然的各种植物为原材料，对布料进行染色，曾经是我国历史上最重要的纺织品染色方法，累积了许多前人的经验与智慧，技法特征、民间传承特征明显，对研究过去的社会文化、色彩文化、民俗文化、工艺发展等有重要的史料价值，具有重要的历史文化价值、环保价值和商业价值。

（一）技法特征
该技法流传数千年来，一直是手工制作，详细的制染技术记载资料极少，全凭师徒传授和实践经验积累，手传口授的民间手工技法特征明显。

（二）民间传承特征

与中国色彩学历史同步发展，有着文化属性和社会属性，不同民族地区的植物染织品在纹样、图案、色彩上均有着鲜明的地域和民族特色。如四川凉山彝族传统服饰是黑色，不同地方的植物染有着独一无二的特质，具有不可复制的民俗特征。

（三）历史文化价值、环保价值和商业价值

我国染色活动与丝织品起源同步，染色过程是民族生产事业的典型代表，也是民族生活状态、社会系统的重要凭证，植物染色技法显示出浓郁的民间艺术风格。1000多种纹样是千百年来历史文化的缩影，折射出人民的民情风俗与审美情趣，与各种工艺手段一起构成富有魅力的织染文化。染料大部分来自药用植物，譬如茜草、蓝草、郁金香和红花。这些染料具有防虫、杀菌、护肤及防过敏的功效，益于身体健康，具有较好的生物可降解性和环境相容性。如今，随着经济高速发展和科技进步，人们越来越注重品质化生活，环保、健康和绿色意识渐入人心，植物染制品以其环保、健康和无公害等优点重新受到人们的关注、推崇，尤其是高端服饰市场，植物染需求十分明显。

精编访谈

主持人： 植物染色又称草木染色，用植物天然颜色为织品上色，古朴典雅、色泽纯正。请您为我们简单介绍一下植物染色。

陈科霖： 植物染色，如果用光谱仪来检测，会看到它的波长宽且缓，对人的眼睛不会有刺激。这是一个植物染色的包，用青柿子进行染色，用苎麻做的。

主持人： 摸上去感觉很不同，洗了会不会褪色？

陈科霖： 不会，平常的染色可能会随着岁月慢慢褪去，柿子染刚好相反，如果放在太阳光下晒，颜色会越晒越深。

主持人： 明白了，它是纯自然的。从这个角度来讲，我觉得很环保。

陈科霖： 对，而且不会刺眼。这个是丝，是扎染。扎染在古代分四缬：绞缬、蜡缬、灰缬、夹缬。这个叫绞缬，用针线，手工一点点缝扎起来，用针把它这一圈给缝起来，进行染色后拆开，形成这样的花纹。

主持人： 这太复杂了。

陈科霖： 所以需要很长时间。汉代的时候就已经有这种技法了。

主持人： 都是手工染吗？

陈科霖： 是，不能用机器。

主持人： 那么每一件作品都是独一无二的，用哪些植物来染色呢？

陈科霖： 这个是靛蓝，《荀子·劝学》中有一句话"青出于蓝而胜于蓝"，讲的就是靛蓝的工艺。蓝色是用蓝草（板蓝根）的叶子进行发酵，发酵需要偏碱的环

境，把靛白进行还原，再把布放到里面去染色，染完颜色拿出来后，一开始是绿色的，但是经过氧气的氧化，它会慢慢变成蓝色，所以"青出于蓝而胜于蓝"，就是来源于这种（工艺）。

主持人： 除了用靛蓝，还有其他的染色原料吗？

陈科霖： 有很多。这个是苏木，是一种中药，煮出来之后用来做红色的染剂；这个叫栀子，栀子的果可以用来染黄色；这个是柘木，平常染出来的颜色叫柘黄，在古代是用来染龙袍的颜色。

主持人： 这些植物是全世界各地都有的，还是说主要是我们东方土地上才有的？

陈科霖： 大部分中国都有，也有一些是外来的。例如红花，在古代，它产于古埃及，唐代才传入我们中国，在当时是非常风靡的，平常讲的"拜倒在石榴裙下"的石榴裙就是用红花进行染色的。当时人们化妆，胭脂的颜色也取自红花。植物染色来自天然，对人体没有伤害，而且对皮肤也有保护作用，有抗菌的功效。从小我就很喜欢历史，喜欢这种服装也跟这个有关。

小学四五年级的时候，我很喜欢看《百科全书》，上面有很多古代服饰，比如曲裾、直裾、罗裙等等，历朝历代的服装我都很感兴趣，我会记录下来。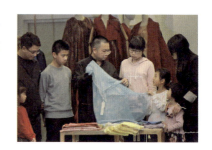

主持人： 去博物馆也是自己去吗？

陈科霖： 是，我会把《百科全书》上的罗裙、长衫画下来。

主持人： 你这是天然爱好，家族里是否有亲属做相关工作？

陈科霖： 一个也没有。我从小就喜欢这些，2011年考入深圳大学服装设计专业。

主持人： 你在深圳大学读的是服装设计，后来为什么就对植物染色感兴趣了？

陈科霖： 当时老师在课堂上不经意地讲到关于植物染色的一些内容，因为我从小就很喜欢这种传统文化，当听到植物染色的时候，我很感兴趣。后来我上网查找，找到了现在的老师黄荣华，我问他能不能来深圳开个讲座，他就过来了。

主持人： 老师是跟谁学的呢？

陈科霖： 跟他的舅舅，家族传承。他现在在北京，做工作室，类似染坊，边研究边教学生。我是2013年时开始跟老师学习的，一直到现在。

主持人： 你觉得植物染色为什么吸引你？

陈科霖： 植物染色取自天然，它不单是一种颜色，更多的是一种文化、一种温度。它是通过我们的双手去制作的，因为手跟心相连，手在做的时候心就在做，因此也是我们内心的一种表达。当观者看到你的作品时，他就能知道你内心的想法。中国有句古话叫作"美不自美，因人而彰"，我觉得唐代柳宗元说的这句话很有道理，美的东西是靠人去表达呈现的，而不是生来就是美的。

主持人：虽然你的年龄很小，但是你给了我们很多启示性的思考。对我们现代人来说，染颜色是植物的一种功能，但当你在谈植物染色技法的时候，我们看到更多的是超越了功能的东西。植物染来自大自然的赐予，它融合了草木的温度、自然的色泽和岁月的洗礼，这是人文的温度！

传承活化

中国的植物染由来已久，色彩既是文化的象征，也是身份的象征，早在 4500 多年前的黄帝时期，古人就能够利用植物的汁液染色，植物染色技法累积着前人的经验与智慧，成品不仅仅美在视觉效果上，更体现着人们对淳朴、自然、可持续的生活方式的向往。目前，传承人陈科霖创办的深圳市大观自在服饰设计有限公司，已生产 6 个系列 1000 多件服饰，均已投入市场，取得了很好的市场反响，并与深圳 5 个社区、2 个企业及图书馆合作举办了 10 余场植物染体验推广活动，受到社会各界的欢迎。未来，期待植物染色技法能有更多的机会在深圳等地延续其千年风采。

传统植物染色

粤绣（珠绣）

（深圳市区级非物质文化遗产）

黄伟雄

粤绣（珠绣）代表性传承人

珠绣，与粤绣一脉相承，源于东汉，有逾 2000 年历史。明清时期，盛行于潮汕民间。中华人民共和国成立后，得到政府、民间和市场高度重视，现今主要分布在深圳龙岗区平湖街道以及潮州、汕头、揭阳、汕尾、梅州、河源和广州等地。

深圳市区级非物质文化遗产代表性项目粤绣（珠绣）的传承主要有"师徒传承"和"家族传承"两种形式。

第一代传承人魏逸侬（1908—1975），12 岁在潮州赞记绣庄当学徒。1952 年后，在国营潮绣厂带徒传艺，培养出一批潮绣技艺骨干。授艺于林智成。

第二代传承人林智成（1922—2018），生于泰国，祖籍潮安县铁铺镇铺头埠村。参师魏逸侬，1955 年到潮州潮绣厂从事设计工作，从艺几十年中，培养了大批艺人。

第三代传承人胡广旭（1941—2023），师从林智成。1965 年，在地方国营潮绣厂工作。1987 年，创办二轻工业研究所刺绣服装实验厂，担任厂长，兼任设计师。创新产品《珠绣兔毛衣》曾获广东省优秀"四新"产品三等奖，并授艺于黄伟雄。

第四代传承人黄伟雄（1964—），中国工艺美术大师，正高级工艺美术师，享受国务院政府特殊津贴专家，师承胡广旭。生长于潮州一个刺绣世家，6 岁拿起绣花针，在母亲黄清兰手把手教导下，从小就打下了扎实的基础。1981 年向胡广旭拜师学艺。1993 年，创办潮州珠绣厂，经营婚纱礼服、包包等珠绣产品。1996 年，开办了"深圳伟业工艺厂"，在罗湖商业城设立多间"伟业手袋"店铺，主要从事珠绣产品的批发、零售和出口。2017 年和 2019 年，先后于深圳市龙岗区创办"深圳市百师园工艺美术研究院"及"深圳百师园文化产业有限公司"，更好地保护传承优秀传统文化，尤其是珠绣技艺，并授艺于黄溢琳。

第五代传承人黄溢琳（1991—），工艺美术师，硕士研究生，自幼随父学艺，从事珠绣艺术设计研究工作。作品在国家级、省级的展览评比中多次获得金奖。

项目特征

粤绣包括广绣、潮绣、珠绣，珠绣是粤绣的重要组成部分和极具特色的代表性品种。伴随时代发展，如今珠绣已经成为一门用针线穿引珍珠、玻璃珠、宝石珠、珠片、晶石、胶石等多种材料，在画布或纺织品、花布、人造革、真皮等不同材料上绣出生动立体、色彩绚丽的图案的技艺，具有明显的工艺特征、民间传承特征和巨大的文化经济价值。

（一）工艺特征

1.材料：珠绣以珍珠、玻璃珠、宝石、珠片绣制图案，其他绣种以纱线绣制图案。

2.效果：玻璃珠和珠片立体透光，玻璃珠的折射、反射和散射现象，让珠绣作品具有珠光熠熠的视觉效果。珠绣绣制必须与光学、色彩学原理相结合，既有国画风采，亦具西洋画视觉效果，其他绣种相对难以呈现这种效果。

3.针法：由于材料特殊，珠绣形成了连续排列针法、散点针法、乱底针法、吊穗针法、吊片针法、渗针针法等100多种独特的针法。

4.使用范围：珠绣材料珠光熠熠，表现力迥异于其他绣种，艺术个性和艺术风格独特。珠绣工艺应用广泛，不仅应用于庙宇、祠堂以及潮剧戏服，还应用于现代婚纱礼服、时装、手袋等，且受到婚庆宴会等场所的青睐。珠绣制品多为现代生活的时尚礼品和室内装饰品。

（二）民间传承特征

珠绣以师承为主，20世纪时曾是潮汕地区经济支柱产业，绣庄遍地，艺人众多，工艺精益求精。昔日潮州剧装厂、潮绣厂通过"三来一补"贸易，开发珠绣手提包和珠绣时装等。用珍珠、玻璃珠或亮片缀钉于丝质衣料上，嫁接传统刺绣工艺于时尚服饰设计，古老的珠绣工艺焕发了历久弥新的生命力。改革开放让深圳成为经济特区和对外通商口岸之一，第四代传人黄伟雄于1996年开办深圳伟业工艺厂，在罗湖商业城设立多间"伟业手袋"店铺，全身心投入经营。短短几年，珠绣手袋、服饰、饰品等产品畅销海内外。2004年，珠绣工作室在龙岗区平湖街道成立，以"师带徒"模式培养专业技术人员。珠绣艺人们对珠绣不断探索，创造性地将珠绣从实用的装饰发展成纯艺术观赏的"珠绣画"，2004年申报国家专利，2006年得到国家专利局批准，2016年专利再续。珠绣画由于其独特的材料，精细的制作工艺，高超的艺术表现形式，深受艺术爱好者和收藏界的喜爱。

（三）文化、经济价值特征

1. 经济价值：珠绣产品畅销世界20多个国家和地区，促进了就业和创业。婚纱礼服大量采用珠绣工艺，为欧美等发达国家和地区所喜爱。

2. 工艺价值：珠绣用料以珍珠、玻璃珠等为主，传承创新100多种针法，如线条排列针法、散点针法、吊片针法等，珠光熠熠的视觉表现力迥异于其他绣种。

3. 艺术价值：珠绣画是创新发展优秀范例，运用玻璃珠和珠片的反射、折射、散射等光学原理，使得画面流光溢彩，凸显艺术个性。

4. 文化价值：具有鲜明的代表性和地域特色，是中西文化交融载体，是"一带一路"传播中国文化的亮丽媒介。

主持人：珠绣是从中国刺绣的基础上发展而来的一项传统的工艺，它既有着东方的含蓄典雅也有着西方的浪漫时尚，在现代都市中正绽放着璀璨的光芒。

黄伟雄：珠绣是粤绣的一个分支，粤绣是中国四大名绣之一，粤绣包括潮绣、广绣、珠绣三个门类。

主持人：它有什么特殊之处？

黄伟雄：珠绣的主要材料是珠料，而其他刺绣以丝线为主。珠料有玻璃珠、胶片，胶片就相当于塑料片，这些材料和钻石、亚克力等新材料都是后来才有的，古代会用贝壳、珊瑚、木珠、宝石。珠绣的材料中间必须穿一个孔，用针穿进去，把这些固体装饰物缀在布料上。传统的珠绣应用在三个门类上，一是服装服饰门类，像婚纱礼服、包、披肩、珠鞋、珠帽等。比如：这是用水晶做的手拿包，很璀璨；这是迪士尼的动画人物，迪士尼授权给我们，由我们来生产。以前可以做成零钱包，我们当时大批量地生产，然后销售到海外去。二是日常用品，比如茶杯垫、珠绣镜子、钥匙扣等。这些都要一针一线把珠子绣上去。这是我们开发的十二生肖的珠扇，扇面上绣的是生肖牛，因为是牛年。这些都属于实用性的，用了一段时间后可能就会坏掉，会被人们丢弃，没办法很好地保存下来。我一直在想，如何才能够在让人们喜欢的同时，还可以很好地保存下来呢？三是艺术品。比如：我用珠绣的传统工艺

深圳非遗·第一辑

结合中国画的技法，做出了珠绣画，这可以说是我独创的。

主持人： 之前没有？

黄伟雄： 之前可能有些老师做了一些小作品，但是我创作了很多作品，还在2004年申请了珠绣画的国家专利。

主持人： 我在您的百师园里面看到过一幅珠绣作品图，颜色之间晕染得特别自然、细腻，对绣工的技术要求非常高。

黄伟雄： 是《百鹤图》。那些玻璃珠就像白砂糖一样细，远看是一幅画，近看是绣品。从服装、服饰到日常用品再到艺术品，相当于珠绣是从纯实用的工艺品提升到纯欣赏的艺术品的一个创新过程。

我是1996年来到深圳的，因为当时深圳是中国改革开放的最前沿，机会多。在潮州办了工厂以后，想来深圳开拓市场。来深圳后第一个点在罗湖商业城，香港人来深圳的必经之

地，我开办了第一家伟业绣庄，卖珠绣包、衍生产品，经常是供不应求。后来生意好了，在龙岗区开设了珠绣的工厂，离罗湖比较近。

主持人： 工厂是什么时候开的？

黄伟雄： 1996年以后。先有店铺，生意好了以后再开办工厂，几乎同时进行。

主持人： 现在咱们国家从事珠绣工作或从事珠绣研究的人多吗？跟随您做珠绣画的传承人多不多？

黄伟雄： 做珠绣产品，做衣服、包的比较多，但是和我一样做成艺术品，做珠绣画的不多。现在我的传承工作分几方面，一是我在广东女子学院当了7年客座教授，带了一个专业班，至今培养了500多名学生，大部分是服装设计专业的，她们会把我的珠绣跟服装设计结合在一起。二是在龙岗区平湖街道办了一家"百师园"和一家珠绣工作室，也是做了一个非遗传承平台。过几天，深圳小学就有600多个学生过来学习珠绣。非遗传承从娃娃抓起，有可能从中培养出一些传承人。

主持人： 谢谢您用了很多方法让更多人了解珠绣，爱上珠绣，然后传承珠绣。珠绣犹如中国刺绣的一颗明珠，它的每一寸珠线之间都汇聚着匠人的心血和智慧。

传承活化

由于全球经济的不断变化以及流行文化的交替，大多数年轻人不愿

从事此艺，珠绣行业逐渐步入低潮。为了更好地保存与传承珠绣技艺，2017年，第四代传承人黄伟雄在深圳龙岗打造了百师园非遗传承基地，用珠绣的传统工艺结合中国画的技法，独创出珠绣画，并研发各种珠绣衍生品，让珠绣走市场化的道路。同时，他还走进校园，开班设课，在广东女子学院设立珠绣技能工作室，不遗余力地传承与发展珠绣技艺。如今，珠绣不仅是一门手工刺绣艺术，更成为岭南文化的重要载体。未来，希望黄伟雄的针线能够在粤港澳大湾区大地上，缀出璀璨夺目的传承版图，让珠绣持续焕发其艺术之光。

粤绣（珠绣）

剪纸（田氏剪纸）

（广东省省级非物质文化遗产）

田星

剪纸（田氏剪纸）代表性传承人

剪纸（田氏剪纸）发源于陕西省宜君县，是当地深厚的历史文化积淀和先进的农耕文明的生活延续写照，是描述独特的生活方式和民俗风情的图形艺术，它以民间剪纸艺术形式存活至今。如今随着传承人南下，主要分布于陕西省宜君县及广东省深圳市。宜君县孟皇村的田氏家族是村中很有名气的剪纸世家。

第一代传承人郭兰香，1914年从亲人处学得剪纸技艺。

第二代传承人唐春娃，郭兰香之女，1938年开始向母亲学习剪纸。

第三代传承人田星（1966—），唐春娃之女，师从母亲，中国民间文艺家协会会员、广东省省级非物质文化遗产项目剪纸（田氏剪纸）代表性传承人、广东省美术家协会会员、深圳市首届民间艺术大师（工艺类）。1985 年 12 月，田星创作的民间画作品《龙舟》在《人民日报》发表并在中国美术馆展出。1990 年，田星的剪纸作品《追云奔月》《抓髻娃娃》获"陕西省首届剪纸电视大赛"一等奖。1991 年，田星定居深圳，入职深圳锦绣中华发展有限公司中国民俗文化村，从事民间绘画和剪纸展演、创作，随后在深圳市各区开展剪纸艺术的展演展示、作品销售、技艺传授等活动，并曾作为深圳市民间艺术家应邀赴香港、澳门等地与新加坡、美国等国讲学传艺。随深圳市文化艺术团出访德国、新西兰、黑山、丹麦等多国。1996 年，田星被联合国教科文组织、中国民间艺术家协会授予"民间工艺美术家"称号。2023 年，田星出版发行了个人剪纸作品集《北花南开——我的剪纸艺术之路》。

项目特征

田氏剪纸发源于历史悠久、民俗风情浓郁的陕西省宜君县，其作品无论从内容或是功用，都与发源地的年节、嫁娶、赠礼往来等民俗活动密切相关，彰显浓烈的地方特色、民族特色和个人特色，具有较高的历史文化价值、艺术价值。

（一）工艺特征

作品构图大胆洗练，刀法明快，无论人物还是动物、花卉都给人以拙中藏巧的余韵，作品画面大多喜气洋洋，并透出原始古朴的清新之气，勾起人们对童年和故乡的亲切回忆。用色上大多采用红、黑两色，构图上不讲究"形"而追求"神"，田氏剪纸艺人刀下的人物往往表情夸张到极致，动作拙笨有趣，会令人联想到非洲木雕或图腾，又充溢着强烈的中国特色。

田氏剪纸传统作品的主要样式和功用有四类：

第一类是春节美化环境：春节是田氏剪纸使用数量最多的时候，以内容丰富的吉祥祈愿作品居多，尤其是天上的飞鸟、地上的花草虫、水中的鱼、民间传说、神话故事、劳动成果、六畜以及保平安、镇宅避邪的狮子和老虎等。作品主要用来贴窗花，窗花包括转花、角花、小窗花等。转花一般分开剪为四块，贴在窗子中间。四个格四张，拼为圆形或一个动物的整体，主要内容有花鸟、麒麟、狮子、老虎等。转花起中心装饰作用。角花是三角形的纹样，安排在窗子的四个边角上，主要有石榴、牡丹等花样，与其他小窗花相组合，使图案完整。在三十六格窗上都有窗花。

第二类为嫁娶装饰洞房：洞房装饰剪纸，内容多与生育有关，如《老鼠吃葡萄》意为多子多孙；《娃娃坐莲花》意为连生贵子；《四个大花馍》也叫儿女馍，上面盖的剪纸花样多为牡丹、双喜争梅等。房顶棚或者窑顶中间多贴大石榴形圆团花，房顶棚四角一般贴大型角花，多以吉祥如意为内容，如《八狮滚绣球》《龙凤呈祥》《连年有余》《蛇盘兔》等，其中《蛇盘兔》意为"若要富，蛇盘兔"。

第三类为刺绣、布玩具的底样：刺绣前往往先要用剪纸给出底样，这些刺绣品多用于女子出嫁时送给对方的亲朋或老人，准备的绣品多以鞋垫、枕头、针扎、荷包、烟袋、钱包为主。剪纸图样多为花卉、桃、莲、动物等。

第四类为礼仪宗教活动：剪纸若用于礼仪宗教，比较常见的是财神爷的门帘、吊帘，多是繁丽的贯钱连续图案；还有招魂的招魂幡、悼念逝者的灵堂，多以镂空剪纸形式，内容以二龙戏珠、二十四孝为多。

（二）民间传承特征

剪纸是人们因向往美好生活而产生的一种民间艺术，它是根据特定的历史、地理条件和生活方式创作出来的，多流传于民间。作者根据直觉和印象，对物体进行大胆的捕捉和创造，因此剪纸题材广泛、构图饱满、夸张变形。复杂的形体，通过剪纸的艺术概括，可以达至单纯，突出了事物的基本特质。

（三）历史文化价值、艺术价值

田氏剪纸历史悠久，凝聚了众多民间艺人的心血和汗水，是华夏传统文化的精华，也是民俗文化的灿烂之花，具有独特的艺术价值，对剪纸艺术、西北风土人情的研究等具有一定参考价值。

精编访谈

主持人： 田氏剪纸发源于陕西宜君县，散发出浓郁的民俗气息。而非遗传承人在来到深圳之后，在薄薄的剪纸上，又将书写怎样的故事呢？老师您是哪里人？

田　星：我是陕西人。我们家是种田的，有 20 多亩地，来深圳时还有 8
　　　　亩地。

主持人：学剪纸的时候是多大？

田　星：从小就开始学。记忆最深的是，腊月二十八左右，家家户户剪
　　　　窗花。我妈、我姐和我嫂，有时还有邻居家的婆姨，一起坐
　　　　炕上聊着天，剪窗花，绣着花。剪纸的民俗面很广，娶媳妇、
　　　　人去世、生小孩都需要剪纸。过年时用得最多，主要用来增
　　　　加节日气氛，还可以装饰、美化环境。

主持人：在你们家乡，都是用红色的纸来剪？

田　星：基本上是红色的，也有彩色或绿色的。红色的过节、喜庆时
　　　　用，白色在人去世时用，黄色在生病时用……黄色的剪纸，
　　　　我印象最深的是在小孩生病时，拿着它在小孩身上左转三圈
　　　　右转三圈，寓意去病。抓髻娃娃是远古时期的一种图腾、象
　　　　征，在古代有生存、传延子嗣的意义。一般生活中看到的，
　　　　比如花鸟虫鱼，都可以作为题材。

主持人：有传承也有您的创新，这才是非遗应该有的样子。

剪纸《白蛇传》

田　星：对。我觉得最起码要知道
　　　　它原来的东西是什么样。
　　　　我来深圳以后，想用剪纸
　　　　表现一些岭南文化的特
　　　　色。比如说潮州文化、广
　　　　府文化，还有客家文化，
　　　　但是要按我的风格去做。

主持人：用西北的风格表现岭南人文？比较粗犷。

田　星：对，是这个意思。这是疫情时做的戴着口罩的护士，是表现当
　　　　下的生活题材。我的作品风格粗犷、大气，还有点儿无拘无束，
　　　　但它也有传承的文化符号，就是当地的文化符号。

主持人：您从小生活在窑洞吗？

田　星：对。大概十五六岁时，快过年的时候我在炕上剪纸，当时县
　　　　文化馆的一个考古老师来我们村子转，看了我的剪纸，说有
　　　　原始剪纸的韵味，问我是否愿意去宜君县文化馆里的学习班，
　　　　我就去了。学习班对我的
　　　　观念影响很大。后来文化
　　　　馆又拿每个人的作品去评
　　　　奖。我记得一等奖是 4 块
　　　　钱，相当于稿费。那时我
　　　　挣了 60 块钱，对我刺激很
　　　　大。当时，也就是 1985、
　　　　1986 年时，我姐夫在县粮
　　　　站当会计，一个月工资才
　　　　18 块钱。后来我有幅作
　　　　品，在美术馆展览之后，

被中国美术馆收藏了，还登上了《人民日报》。

主持人： 那时候您才多大？

田　星： 我才十六七岁，当时觉得很不可思议。我一直想考中央美院或西安美院，想进专业学校。那个时候家里没有电视，但有广播。广播里介绍说陕西美协副主席修军帮助残疾青年，我就给他写信，没想到他对我的作品有兴趣，于是我便登门拜访，让他给我指导。

主持人： 您去找他的时候，他多大年纪？

田　星： 他当时 50 多岁，他说民间的东西就是世界的东西，他真的很有眼光。多年以后我把它当成了自己的主业，这也是我当时想不到的。我到深圳也是巧合，当时深圳民俗文化村招聘剪纸和民间绘画人员，我画了一只鸡，招聘的老师看完后就说"好，你跟我去深圳"，因为她觉得这只鸡是活的。

主持人： 您在民俗村待了多久？

田　星： 待了 10 年。先在民俗村，2000 年左右去了罗湖商业城，和当时深港两地的经济发展有关系。我在罗湖商业城待了将近 10 年，开店售卖自己的作品。成为非遗传承人以后，学生有上万人了，从深圳大学到深职院，再到小学到社区，都有。

主持人： 除咱们中国学生之外也有外国学生吗？

田　星： 我去了三趟美国、三趟新加坡，和丹麦、黑山都有交流，还去了德国。在德国的表演让我印象深刻。我们在舞台上剪，我剪完以后，当时主持人第一反应就觉得，这个太神奇了，一张纸都能剪成这样，所以第二年他们还邀请我。

主持人： 一把剪刀、一张纸，刀转纸飞之间，一幅幅图案栩栩如生。她剪出了人间大爱，也剪出了满满的正能量，田氏剪纸，不仅充满了浓郁的民俗特色，更具有感人的艺术魅力。

传承活化

　　田氏剪纸艺术以黄土文化为根基，以乡土生活为表现题材，构图奇特，粗犷豪放，展现着我国劳动人民对美好生活的无限向往。1991年传承人田星被深圳锦绣中华、民俗文化村以特殊人才聘用并定居深圳市，随后在深圳南山区、罗湖区等区开展剪纸艺术的表演展示和作品销售。自此，来自世界各地的人们，通过深圳这个窗口，了解到了中国西北的剪纸艺术，田氏剪纸也因此在深圳落地生根。为使其更好地传承，田星还积极推进非遗剪纸进社区、进校园等活动，每次活动总能吸引一大批市民前来体验。从旧时窗花到今时非遗，从陕西到广东，剪纸（田氏剪纸）代表性传承人田星经过30多年在南国扎根，努力将黄河流域民间民俗剪纸文化艺术与岭南及海洋民间民俗文化融合发展，逐渐创立田氏剪纸岭南派，期待它在新时代能再续写更多传奇故事。

传
统
美
术

剪纸（田氏剪纸）

剪纸（袁氏）
（深圳市市级非物质文化遗产）

袁曼君

剪纸（袁氏）代表性传承人

剪纸（袁氏）源于客家人第五次大迁徙（约为1851年—1875年），当时剪纸、绣花、编织等民间艺术随客家人从中原地区迁至广东省和平县大坝镇水背村，剪纸（袁氏）诞生于此，传承至今已有170多年。全国各地乃至全世界均有分布。

第一代传承人袁氏16世（1870—1931）。

第二代传承人袁氏17世（1886—1950）。

第三代传承人袁氏18世袁何金兰（1904—2003）。

第四代传承人袁氏19世袁广娣（1929—）、袁容华（1940—），广东省南粤特级教师。

第五代传承人袁曼君，广东省工艺美术师，深圳市工艺美术大师，中国民间文艺家协会会员。20世纪80年代中期袁曼君携剪纸（袁氏）来到深圳，多次往返国内外交流展示，学生遍及各大洲，2010年进入深圳大学任教，成为国内最早在大学开设剪纸课程的教师之一，并被聘为该课程的客座副教授。2011年起，深圳市福田区教育局引入剪纸（袁氏），在13所学校开设剪纸课程。

袁曼君在深圳带出了第六代传承人孙晓君、罗媚、罗静、黄原、华芷萱和袁悦。先后有80多个国家的学员学习剪纸（袁氏）艺术，袁曼君培养了一批优秀的剪纸老师和上万剪纸爱好者。

项目特征

剪纸（袁氏）发源于广东和平县大坝镇水背村，后辗转传入广东深圳，在传承的基础上得到新发展，主要体现为家族内部学和邻里学，构成了区域性剪纸艺术风格。"一刀剪"，又名阴阳剪，是袁曼君在家传剪纸的基础上，结合了中原文化、客家文化、广府文化等不同地域的艺术特性发展起来的。其艺术特点是断口里的明口、暗口，这独有的技法让本就精巧细腻的剪纸有了更为丰富的立体感和生命力。其表现技法分有阴剪、阳剪、阴阳结合，主要样式分为大型主题展览活动用、春节时美化环境用、嫁娶装饰洞房用、刺绣样稿、礼仪活动等，呈现出独特的技法特征和较高的历史文化价值、艺术欣赏价值。

（一）发展独特的剪纸技法：明口和暗口

中国的书法、国画是线条的艺术，传承人在闲暇之余拜师学艺，勤练书法、国画，随着书法、国画技法的提高，剪纸（袁氏）作品中的剪纸语言得到丰富，剪纸作品线条或轻扬飘浮，或刚劲有力。

（二）题材广泛

取材广泛而富有新意，将民间气息浓郁的花鸟鱼虫、飞禽走兽、装饰图案和深圳美丽的海滨城市风光（巍峨的梧桐山、大梅沙的海滩、市民中心、国贸大厦、地王大厦、簕杜鹃等）酣畅淋漓地铺洒于剪纸画卷上。

（三）构图饱满却无拥挤之感

事物的远近层次清晰，位置的选取精准得当、错落有致，张扬与低调的微妙把握，让整幅剪纸立意明朗，观赏性极高，让观者的视野、思想有天马行空的畅游空间，平添了"意境"和"韵致"，如作品《美丽深圳》。

（四）行云流水般的刀法

刀法简约利落，浑然天成而夸张，洒脱而极富灵气，让整个剪纸画面超越自然形质而意韵深沉。

（五）历史文化价值和艺术欣赏价值

剪纸（袁氏）艺术对于研究深圳市福田区及和平县的民俗风情、意识形态等具有参考价值，其在传承的基础上，创作了大量反映深圳人工作生活的新剪纸，丰富了特区精神文化生活。

精编访谈

主持人： 剪纸在中国有着千年的历史，同时它也是重要的民俗文化的组成部分，也是传统的民间艺术。剪纸（袁氏）就是一个特殊的剪纸流派，它到底有哪些特点呢？您的作品有何特别之处？

袁曼君： 我们的剪纸区别于传统，主要以线条为主，大多数人的剪法是用剪刀刀尖戳，但我的剪法是直接断口，把线条、纹样直接

深圳非遗·第一辑

剪出来。而且我用的剪刀刀尖比较长，目的就是为了能够一步到位剪出线条，这个剪法称为"阴阳剪"。阴阳剪的口分明口和暗口，暗口是封闭的，装裱以后是看不出来的。剪纸时，思维要特别清晰，而且要有一定的构图，如果有美术基础更好。需要腹中有画，胸有成竹、一气呵成。

主持人： 您在深圳全身心投入传播剪纸技法时，都进行了哪些创新？

袁曼君： 在设置课程时，我接触的都是外国学生，而且是几十个国家的学生。外语我真的不怎么会，我就用剪纸的艺术语言去跟他们进行心灵上的沟通。我会问他们，为什么来上我的课？一些日本、韩国的学生对我的剪纸特别感兴趣，是真正想学技艺的。但有一个来自芬兰的读历史专业的学生说："老师，我不是说特别喜欢你的剪纸，但是我喜欢听你讲的故事。"

主持人： 您的剪纸作品，都是对大事件的记录和对人们心声的反映，我觉得很了不起。您有很多作品已经走出国门，非常好地彰显了中国传统文化。

袁曼君： 我有一个学生，来自太平洋的一个岛国，他学了剪纸以后，做

成了自己的特色，然后去各地授课、传播，真正地把剪纸带出去传扬了。

主持人： 对。您用剪纸记录深圳的发展，和城市的不同的截面、重大事件，从这个意义上来讲，我觉得您的剪纸也是一个记录者。

主持人： 如果说，剪纸曾经是传统民俗文化不可或缺的组成部分，那么今天的剪纸（袁氏），在深圳创新力的推动下，就是新时代历史的剪影者和记录者。

传承活化

　　剪纸（袁氏）题材多以喜庆、动物、花卉等中国传统要素为主，虽然经济生活不断变化，但传统艺术形式依然在世代传承。1986年，第五代传承人袁曼君将其带到深圳发展，她博采众长，继承剪纸（袁氏）中的民俗内容，同时吸取现代文化元素。不论作品大小，图案简单或复

杂，均一剪到底，一气呵成，作品线条简洁流畅、生动细腻。伴随社会生活的不断发展、人们思维观念的更新、生存环境的改变以及生活质量的提高等，传统剪纸受到了一定程度的制约，为了挽救传承这项传统项目，袁曼君积极举办剪纸学习班，参加各级展览和竞赛，并举办各种公益活动。2010 年，剪纸（袁氏）走进深圳大学，成为国内最早在大学开设的剪纸课程之一。2011 年起，福田区教育局引入剪纸（袁氏），于13 所学校开设剪纸课程。袁曼君多次受邀在国内外交流展示，如今学生遍及世界各大洲。剪纸（袁氏）艺术正在以其古朴、粗犷、纯真、自然的个性呈现出原始的魅力。未来，剪纸（袁氏）传承的脚步将不会停歇，努力绽放绚丽光芒。

剪纸（袁氏）

传
统
美
术

内画

(深圳市市级非物质文化遗产)

王蒙良

内画代表性传承人

非遗名片

内画艺术是清代嘉庆、道光年间流传下来的民间艺术，已有 200 多年的历史。它以精湛的中国画技法，用一种特制毛笔，从微型瓶口伸进，在透明或半透明（如玻璃、水晶、玛瑙）的空心物体内，反思维、倒勾作画，被世人称为"鬼斧神工的艺术"。

叶派内画创始人叶仲三大师（1875—1945），堂号"杏林堂叶"。他与内画高手周乐园、马少宣、丁二仲被称为"京派内画四大名家"。

第二代传承人叶仲三长子叶菶祯、次子叶菶禧、三子叶菶祺与叶菶祺之女叶淑英（1939—）继承并发展了叶派内画艺术。叶淑英是当今叶派内画唯一嫡传人。此后叶派内画又先后吸收王习三、刘守本、丁桂玲等外姓弟子。

第三代传承人王习三（1938—），原名王瑞成，河北阜城人，中国工艺美术大师，冀派内画创始人，一级美术师。在河北衡水创立了冀派

内画，为发展叶派内画做出了很大贡献。

第四代传承人王蒙良（1968—），师从王习三，廊坊市一级内画艺术大师。1991年，以特殊人才的身份来到深圳，先后在锦绣中华、民俗文化村从事内画绝技表演。2000年，移师罗湖商业城，在师承王习三内画创作技法的基础上，融入了新的表达方式，形成了自己古朴细腻、清新淡雅的艺术风格，在深圳范围内形成了更大的影响力。之后，一批年轻人拜在他的门下，至此，冀派内画在深圳有了一席之地，并开始生根发芽。他先后在宝安文化馆、深圳博物馆，中国香港、新加坡等地的文化场馆成功举办了个人内画作品展。主要作品有《富春山居图》《清明上河图》《十大元帅》《三国演艺》《春天的故事》《八十七神仙卷》《皇宫八骏》《金龙赐福》等。

项目特征

　　内画艺术有 200 余年的历史，是自古至今民间手工艺人在生活中的创造发明，其创作更是需要高超的技艺。它有别于外画：首先作画顺序相反，在内壁反着书画；其次壶口小，限制书画的操作。所以不但要有扎实的外画基础，还要经过严格的训练，才能完成一件好的内画作品，其技法特征、民间传承特征明显，具有不可估量的经济文化价值。

（一）技法特征

　　冀派内画在绘画工具、绘画技法及绘画形式上有三项创新：金属杆钩毛笔、油彩内画、系列烟壶。创新为冀派内画的发展带来从量变到质变的飞跃，效仿者日增。王蒙良在传统的内画基础上发展创新了一项"内画油画透壁"技法，使中国内画有了一个新的飞跃。其特点是精巧细染、造型准确、风格典雅，以国画色和油画色综合表现手法模拟多个画种的画面效果，尤其是在肖像题材的创作上非常突出，在内画艺术领域逐渐形成了自己古朴细腻、清新淡雅的艺术风格。

（二）民间传承特征

深圳非遗内画艺术主要以师承为主，叶派内画创始人为叶仲三大师，此后叶派内画又先后吸收王习三、刘守本、丁桂玲等外姓弟子，王习三在河北衡水创立了冀派内画，王蒙良师承王习三，把冀派内画在深圳地区发展和弘扬成具有深圳特色的内画艺术。

（三）经济文化价值

内画艺术具有百余年的传承历史，对研究中国绘画等具有一定的参考和研究价值。而内画创作更是需要高超的技法，不但要有扎实的外画基础，还要经过严格的训练才能完成一件好的作品，因此具有更高的文化价值。同时内画还体现了民族、民俗及地域特色和美感。内画，不仅以精美取胜，还因创作者与作品主题、使用者的内在关联而更具意义，更具收藏和保存价值，展现了手工技法的创意和艺术构思。如今的内画产品，不仅有鼻烟壶，还开发出水晶球、佛珠、项链、烟具、茶具、酒具、文具、香水瓶、屏风、摆件等多种器型，内画艺术不仅为人们提供了丰富多彩的艺术品，还在国内外文化交流方面做出了贡献。

主持人： 内画是中国特有的传统工艺，它来自宫廷。当手掌大小的容器内，盛满了锦绣山河和芸芸众生的时候，令人叹为观止，这些充满魅力的内画到底是如何创作的呢？老师，内画跟别的画有何区别？

王蒙良： 画内画和画外画，素材是一样的。外画能画到的，我们内画全都能画到。但是内画能画到的，不见得外画就能画到。因为它的材质、载体不同。这是玛瑙材料，它是天然形成的，是外画所不能及的。我们把天然的艺术和人文的艺术，创作在了一起。

主持人： 明白。能否给我们描述一下，如何在这里面描绘山河、人物的？

王蒙良： 内画的画笔是弯的，前面是带钩的，这样笔才能伸到这么小的孔里作画。工具上很特别，作画时，画面是反的。要用反思维，倒勾作画。

主持人： 在色彩和线条的处理上，有哪些特点？

王蒙良： 作画需要掌握笔的力道，所以也需要练习基本功，要"练线"。练线就是不停地把线，从转折、从圆面、从斜角、从各个角度，可以说把中国工笔画的十八描，都要画上。

主持人： 没有基本功，真的很难接触内画。要有很扎实的绘画基础，才能够进入内画的世界。

王蒙良： 是的，然后再进一步提炼。我是冀派传承人，老师是王习三，王习三的老师是叶晓峰、叶菶祺，再前面就是叶菶祺的父亲叶仲三。

主持人： 您最早接触到内画是什么时候？

王蒙良：19岁正式接触到内画。我一个考美院的师姐，拿了一个她画的鼻烟壶作品来我家，上面画的是十八罗汉。那个鼻烟壶只有手掌大小，画了那么多人物，我觉得不可思议，又非常好奇。那时我就非常喜欢内画了，想着一定要去学。于是师姐对我的作品进行了考核，因为去学内画，没有一定基础是不收的。通过考核后，进了河北省廊坊市工艺美术品公司，去了之后开始接触内画。北京的刘守本是我的内画启蒙老师，最后才知道，原来刘守本是名家，是唯一的京派内画传人。京派内画的特点是色彩厚重、京味十足。跟王习三老师学习以后，我发现，冀派的特点是更加细腻，达到了逼真、细腻的效果。

主持人：19岁之前您学过绘画？

王蒙良：是，我真正学画画、接触艺术是在8岁，跟我哥哥。哥哥在老家画油布，通过他的启蒙，我开始对这个感兴趣，就从画小人书、火柴盒开始，学习绘画。

主持人：您的家乡河北，搞内画艺术的多不多？

王蒙良：在我们河北衡水，有很多人画内画。王习三老师在当地把内画艺术形成了文化产业，这个产业可以出口创汇，大家都争相去学，所以有很多人接触到了这门艺术。

主持人：内画艺术在您的家乡河北根基很深，您为什么来了深圳？

王蒙良：因为当初我被派驻到了北京琉璃厂，偶然认识了一些从深圳去北京找人才的人，他们发现了我们，邀请我们到深圳民俗文化村展示我们的传统文化。

主持人： 您是什么时候来深圳的？

王蒙良： 1991 年我来了深圳锦绣中华。1992 年，进入民俗文化村，给深圳市民和来深圳旅游的国内外游客展示内画这门手艺。

主持人： 后来您从民俗村又去了哪儿？

王蒙良： 我去了罗湖商业城，做内画文化推广的工作，让更多游客能够看到我们璀璨的文化。

主持人： 是否可以理解成，您在民俗村的时候，让更多的人看到内画是什么。到了罗湖商业城，您开始向世界展示内画，进行一些交流活动？

王蒙良： 是，改革开放以后，很多海外人士都来中国，也看到了我们，对我们的传统文化非常喜欢，也经常邀请我们去海外表演。

主持人： 您去过哪些国家？

王蒙良： 新加坡、马来西亚、加拿大、美国、澳大利亚、法国。这

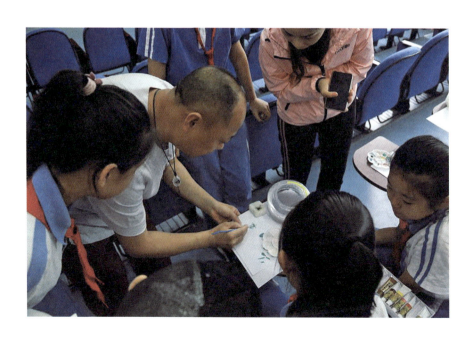

些国家的人们看到以后感觉内画非常不可思议，总跟我说 amazing，当时我不懂英文，不知道 amazing 是什么意思。最后翻译跟我说，是很了不起、很好的意思。内画作为一门传统艺术，能够代表深圳，传到世界各地，让世界各地的人民看到，我们也非常开心。

主持人： 您现在有徒弟吗？

王蒙良： 在教徒弟。随着电子产品的出现，现代科技的发展，内画艺术确实在深圳遇到了瓶颈——学这个的年轻人不多了，这对我们打击也很大。不过近两年，随着政府的大力支持，媒体的宣传和报道，让更多的人去了解非遗文化艺术，了解内画艺术，这是我们非遗人特别开心的一件事。现在，政府，尤其是罗湖区（政府），已经给了我们很多机会。还有深圳市的非遗办、保护中心，都在做相关工作，让我们进社区、进校园，

所以我非常感恩深圳，能够包容内画这门文化艺术。也希望这门艺术能够扎根在深圳，在深圳开花结果，并且有所传承。

主持人：从鼻烟壶到内画，用方寸空间书写大千世界。

传承活化

跨越 200 多年，从宫廷到民间，从河北到深圳，再由深圳走向世界，在王蒙良的手里，内画艺术在新的时代焕发出了新的生命力，他独特的创作手法彰显了非遗人的匠心。数十年如一日，王蒙良始终热爱着内画艺术，不仅在内画创作技法的基础上，融入了新的表达方式，还将冀派内画带到深圳弘扬，并发展为独特的深圳内画艺术，传播至海内外。

内画

木刻画
（深圳市区级非物质文化遗产）

陈永兴
木刻画代表性传承人

非遗名片

　　木艺作为中国传统的民间工艺，已有上千年历史，而木刻画则是一项在木艺基础上进行创新改造，传承超过百年的工艺。

　　在技法上，木刻画在继承传统木艺技法的基础上，大胆创新地吸收了版画和中国画工笔白描、彩色渲染等其他美术工艺技法，并采用画板外着色和内着色的传统手工木器油漆工艺，以刀代笔，用刀法、手法和心法来雕刻，用线条刀艺将人物山水花鸟融为一体。既具有木刻艺术美，又具有中国画艺术之风。

　　在内容上，木刻画讲究整体创意构思，作品题材中蕴含了大量丰富的民间图案，每个图案、每个题材无不蕴含着丰富的文化内涵，反映了当地独特的风土民情。木刻画累积了许多前人的经验与智慧。通过研究木刻画，可对过去的社会文化、民俗文化、工艺发展历史有更多的认识与了解。

第一代传承人张发奎（1905—卒年不详），出生于江西省赣州市南康区唐江镇竹下村一户知名的木匠家庭，擅长木质家具制作以及木工手工雕花，可谓是木艺世家子弟。

　　第二代传承人张丰棋（1929—卒年不详），张发奎之子，受家庭熏陶，15岁开始就跟着父亲学做木艺，虽年纪轻轻但得到了父亲的真传，练就一手雕花好手艺。几年后他便成了始兴县城里城外出了名的木工雕花匠。

　　第三代传承人黄布龙（1950—），祖籍广东阳春。1969年，凭着好手艺进入始兴县木器厂，拜张丰棋为师，学习并精熟家具木雕、木刻工艺。1992年，黄布龙随家人定居深圳，把木刻画带入深圳，全身心投入木刻画的研究和传承工作。2014年起，宝安区残联和新安街道新乐社区聘请黄布龙为木雕艺术培训师，大力扶持木刻画的复兴与传承工作，先后在宝安区残联、新安街道、福永、石岩和南山区等地陆续开设免费培训班。其学员陈永兴、梁科等经过刻苦的学习，水平突飞猛进。黄布龙因此先后获得"深圳市首届民间艺术大师""广东省优秀民间文艺家"称号。

　　第四代传承人陈永兴（1962—），深圳宝安人，宝安区民间艺术家协会理事、工艺美术品设计师，多年来积极协助老师黄布龙在深圳市宝安区、南山区等地开展木刻画技艺授课培训。2016年2月至2017年2月在宝安区残联培训50多名残疾人学习木刻并掌握了木刻制作。2018年至今为宝安区新安街道残疾人培训木刻画技艺，培训了80多位残疾人，使他们掌握了木刻画制作技能，作品被多家企业和爱心人士认购，为残疾人增加收入。

项 目 特 征

　　木刻画在继承传统木艺技法的基础上，大胆创新地吸收了版画、彩色渲染等其他美术工艺技法，并采用画板外着色和内着色的传统手工木器油漆技艺，以刀代笔，用刀法、手法和心法来雕刻，用线条刀艺将人物山水花鸟融为一体，具有手工技法特征、民俗特征、艺术特征以及重要的文化价值、历史价值和经济价值等。

（一）手工技法特征

　　该技法流传数千年来，一直为手工制作，详细的制染技术记载资料极少，全凭师徒传授和实践经验积累，手传口授的民间手工技法特征明显。

（二）民俗特征

不同地区的风土人情孕育出不同人的审美，因此可以在当地流行的木刻画内容上看到其文化属性和社会属性，感受到鲜明的地域和民族特色。宝安区新安街道新乐社区的木刻画多选取喜闻乐见的民俗题材，如锦鲤、花鸟、骏马等吉祥的图案，寓意着"年年有鱼（余）""鲤鱼跳龙门""花好月圆""喜上眉梢""马到成功"等人民的美好祝愿。

（三）艺术特征

木刻画用刀法、手法和心法来雕刻，用线条刀艺将人物山水花鸟融为一体，可谓是"人无我有，人有我特"。虽具备木刻版画之功法，又突破了版画的原版"只能印制，不能观赏"的单一性。木刻作品本身呈现出作者鲜活的艺术生命力，用刀的刻痕、上色，笔笔不同，刀刀鲜活，无论是原版观赏，还是覆纸拓印，都是精美的艺术品，因此能多年来受到不同收藏者的喜爱。

（四）文化价值

木刻画是在继承传统木艺的基础上，大胆创新，吸收了木雕、木刻、版画、中国画工笔白描等工艺技法，把各技法融为一体，图案的选择、技法的使用、笔触的轻重等每个细节都蕴含着丰富的文化内涵。这些重要的文化价值，对研究过去的社会文化、色彩文化、民俗文化、工艺发展等提供了众多参考依据。

（五）历史价值

在我国，木艺是一种有着千年以上历史的民间工艺，积累了前人的经验与智慧，木刻画则融合木雕、木刻、版画、中国画工笔白描、彩色渲染等木艺技法于一身，每个图案、技法、材料、工具的使用，都有着其深厚的历史文化底蕴和缘由，木刻画具有相当高的历史价值。

（六）经济价值

　　木刻画不同于纯粹用来观赏的木刻版画，它直接把作品刻画在高档的木板上，运用在家具和家居装饰上，有着十分重要的市场经济价值，既有观赏价值，又有收藏价值，不仅雅俗共赏，还能流传百世。目前，电脑机雕的木刻作品在装饰行业广泛使用，而手工木刻作品少之又少，更显木刻画的珍贵和独特。

精编访谈

主持人： 木艺是流传了千年的中华传统手工艺，而脱胎于木艺的木刻画在现代社会也日渐流行，那么它有怎样的故事呢？木刻画有多少年历史了？

陈永兴： 木刻画有上百年的历史。在深圳，我们重新把它创新，讲究整体画面，再雕刻上去。

主持人： 明白了，木刻画首先需要对木头进行处理吧？

陈永兴： 首先是选料。基本上普通的雕刻都用椴木，质地会比较好。选好了木材，再进行渲染，木板要渲染颜色后，才能进行雕刻。然后选图，再通过刀具刻画题材，刻完还要打蜡，做好防潮等各方面的保护，因为广东地区比较潮湿。

主持人： 木刻画刻完后，好好保存的情况下，能保存多久？

陈永兴： 一般几十年、上百年都没事的。以前的木刻画以年画为主，比较简单。我们

对它进行创新，使它变得多元化。我们将传统文化与现代装饰方面的题材和年轻人喜欢的题材相结合。

主持人： 您带了很多的木刻画来，我们给大家看看。这幅画是什么？

陈永兴： 是"很棒"的意思。这是鼓励，我是残疾人，我了解残疾人，我想给残疾人信心、鼓励，才去创作这幅画。

主持人： 这幅作品做起来需要多长时间？

陈永兴： 这一幅比较简单，我一个上午就能完成。

主持人： 真的吗？我看到这幅画的时候，觉得非常感动。这幅画我开始以为是照片，因为我看到手纹、指纹都很清晰，甚至能看到螺纹。所以您说这幅画一个上午就能完成，让我觉得您的水平很高。

陈永兴： 这幅画的意义在于鼓励，给残疾人信心。

主持人： 您一直在宝安吗？

陈永兴： 1980年我19岁时来到深圳，一直在宝安。刚来的时候在观澜，一个工作人员介绍我到花艺厂工作，从1983年到2003年出交通事故前，我一直在花艺厂工作。出交通事故后，在床上躺了三四个月，两条腿都不方便了，光学走路就学了一年多。

主持人： 然后您就离开那个工厂了？

陈永兴： 对，干不了了，当时情绪很低落。因为家庭负担很重，两个小孩要上学。

主持人： 现在看到您的时候，我很难想象您经历过这样一件事。这5年您在做什么？

陈永兴： 做康复运动，做不了什么工作，孩子读书都是社区资助的。

主持人： 2008年您就进了职康中心？

陈永兴： 对。2014年2月份，黄布龙老师来到新安职康授课，因为我对木刻画比较有兴趣，所以第一个报名跟他学。很小的时候，我叔公是做木匠的，他给别人做婚床时，会在婚床上雕刻图案，我跟他学了一点儿。

主持人： 就是说您对木艺不陌生？

陈永兴： 不陌生，我很喜欢做手工艺品。一见到黄布龙老师，就想让老师把这个技术传给我，老师满口答应，毫无保留地把这手艺慢慢地传给我。

主持人： 您现在也带学生了，对吗？

陈永兴： 对，主要在残联带，因为我的单位在残联。而且我是残疾人，

我的手艺首先要传给残疾人。

主持人： 跟您学的残障人士多吗？

陈永兴： 有精神缺陷的、肢体缺陷的，身体各方面残障的都有。只要他愿意学，到了我的工作室我都会教。我也不要求他们刻出什么作品，而是想通过木刻画打开他们的心扉，了解他们的想法，提升他们的动手能力，树立他们的自信心，这样有助于他们各方面的康复。我们也创作、设计了一些摆件，当作礼品销售，来增加收入，也增加他们自强不息的骄傲感。

主持人： 我觉得社会应该大力支持。

陈永兴： 希望爱心企业，还有其他单位可以支持我们残疾人。

主持人： 除了木刻画，残联还有没有其他艺术类培训？

赵宝忠（新安街道职康中心主任）： 有，除了日常的康复服务，还有庇护工厂进行就业技培，他们可以做一些简单的手工，赚取一点点手工费。第二就是木刻班，只要他们有兴趣，老师没有外出培训的情况下，我们每天都能够举办木刻画培训，这些都是常态化的。另外我们还为他们安排了插花、书法、舞蹈、烘焙等活动，只要是他们感兴趣的，我们都会不定期开展。

主持人： 明白，尤其是当非物质文化遗产作为一种载体来传承这种爱心，它本身也有了很大的社会意义。

赵宝忠： 是的，学习木刻画，第一个是一种康复作业，是让残疾人参加一定的劳动生产来达到肢体康复训练的方法。第二个就是我们服务残疾人的理念，就业技培是我们服务残疾人的主要内容。所以，学习木刻画，不但能够学习到技术，还能够创作自己的作品，是残疾人对自我价值的肯定，对提升残疾人的自信也有很大帮助。

传承活化

从遭遇人生重大变故，到依靠木刻画帮助自己，再到为诸多像自己一样有身体缺陷的人搭建梦想舞台，木刻画于陈永兴而言，不仅是求生的技能，更是生命里一道温暖的光芒。刻刀下、木板上的笔走龙蛇，一幅幅木刻画便栩栩如生，它寄托了创作者的无限情思。如今，在深圳市宝安区残联，陈永兴工作室的木刻画已成为残疾人士奋进励志、丰富精神文化生活和物质文化生活的一块招牌，这项古老的手工艺也得以在深圳继续绽放新光彩。

木刻画

面塑（张氏）
(深圳市市级非物质文化遗产)

张民忠

面塑（张氏）代表性传承人

非遗名片

　　面塑，又称"捏面人""江米人"，是民间传统艺术，汉代即有文字记载，迄今已 2000 多年。中国的面塑技艺源起山东菏泽，菏泽（古称曹州）地处黄河流域，古时菏泽人为祈求风调雨顺，面塑猪羊代替宰杀牲畜，用来供奉神灵，此后菏泽面人走南闯北影响全国，20 世纪 20 年代更是走遍东南亚。

　　面塑（张氏）为家族世代传承。

　　第一代传承人李俊兴（生卒年不详）。

　　第二代传承人张万臣（生卒年不详），20 世纪菏泽有名的面塑师傅。

　　第三代传承人张广森（1944—）。

　　第四代传承人张民忠（1968—），一级民间工艺师，菏泽牡丹区吕陵镇楚庙村人，对家族面塑艺术耳濡目染，7 岁起跟随爷爷（张万臣）和父亲（张广森）学习面塑。从和面、调色、造型等基本功学起，在祖辈培训下，技艺突飞猛进。2001年，33岁的张民忠来到深圳，历经辗转在民俗文化村、街道社区等场所拥有专属艺术空间，他潜心研究、大胆创新，将现代人物和动漫形象融入作品中，并帮助该技艺成功申报南山区非遗项目。

第五代传承人张保文（2001—）、马振军（1973—）、马淼（1987—）等，师从张民忠。

项目特征

面塑有着悠久的历史和深厚的群众基础，历经五代人传承创新，面塑（张氏）作品造型简练生动、形象逼真传神、比例夸张适当、色彩艳丽单纯，具有浓厚民间风味，民俗特征、艺术特征和手工特征明显，为民俗、雕塑、美学等研究提供了不可忽视的实物资料，具有重要的历史文化价值、经济价值、社会价值。

（一）民俗特征

我国岁时节令及喜庆场合，诸如春节、中秋、端午以及结婚等，面塑都充当了举足轻重的角色，于人生各节点仪式中有不可取代地位。题材以传统典故、传统人物、市井民俗、花鸟鱼虫为主，将各种不同的造型融为一体，构成独特的民俗节日内容。

（二）艺术特征

面塑是一种高艺术性的民间工艺，也是珍贵的非物质文化遗产，其外形整洁概括，内蕴饱满丰富。面塑匠人将材料捏、搓、揉、掀，再用小竹刀点、切、刻、划等，塑成身、手、头、面，披以发饰、衣裳，栩栩如生的人物形象即可诞生。面人体积小、便携带，经久不霉、不裂、不变形、不褪色，具有极强的艺术观赏性，深受海内外游客喜爱。

（三）手工特征

所有流程均为纯手工完成，手工技术要求高。面塑创作具有独特的原创性，采用揉、搓、捏、压、挑、擀等多种方法，造型风格夸张、变形，色彩鲜艳，多用整块颜色。一般有传统戏曲人物、民间传说人物、民间信仰人物、现代卡通动漫人物等造型，兼具民俗特征、玩具属性和表演性质。

（四）历史文化价值、经济价值和社会价值

面塑源于民间，有着悠久的历史和丰富的文化底蕴，体现了劳动人民的智慧。随着生活水平的提高，民俗艺术愈发被大众喜爱，面塑

逐渐市场化，每逢节庆以及一些大型公益活动以及校园活动中，面塑均有参与，活跃气氛，甚至一些城市已将面塑引进到学校教学中。面塑作为中国民间艺术，在国外展览中展示时，深受外国友人喜爱，同时，吸收外来文化养料，并进行创新，使其具有重要文化价值。面塑艺术在开展社会文化活动和介绍中国传统文化方面有所作为，具有一定的经济和社会价值。

精编访谈

主持人： 面塑，又称"捏面人"，有着几千年的历史，是我国古老的传统民间艺术。柔软的面团在巧手捏塑下幻化为栩栩如生的大千世界，让我们一起走进深圳面塑。这门手艺是不是有很多年历史了？

张民忠： 是很多年了，有传说起源于三国"七擒孟获"，在此以前都是砍人头为祭，后来诸葛亮开恩，提议用馒头代替人头做祭品。

主持人： 咱们的作品有哪些题材？

张民忠： 题材非常广泛。黄河流域有很多说唱大戏人物，如三国五虎将关羽、张飞、马超、黄忠、赵云；戏曲传说，如京剧贵妃醉酒。人物的眼珠都是用工具铲出来的，头花都是自己画的，一幅作品差不多要两天才能完成。

主持人： 真不容易。

张民忠： 是的，像这些鞋子和纺线、纺车作品偏民俗化，纺车和人的高度没把握好，导致拉的穗扬不起来。作品来源于生活，人物造型比

139

例必须写实。村里过年、过节、唱大戏的时候，爷爷他们会做一些关于八仙过海、福禄寿题材的作品，后来我自己就尝试捏捏，捏得有点儿像了之后就开始喜欢这一行了。

主持人： 您是 2001 年来到深圳的吗？您的面塑作品是如何在这片土地落地生根的？

张民忠： 是的，有 20 年了。在深圳发展的过程中的确出现了不少难题，这些我都一一解决了。第一，在材料上下功夫；第二，深圳机会比较多，政府搭建的平台比较好，会有进社区、进学校的培训。以前，城管对摆摊管得比较严，我人还在这头捏着面塑呢，那边的箱子就没有了。后来在白石洲碰到民俗村的领导，他们说这么好的东西在街上摆摊太可惜了，让我到民俗村试一下。试了半个月后，感觉挺不错，就做了两三年，然后才离开民俗村去做家教。因为很多家长喜欢这个，所以我可以直接去家里教学。

主持人： 这个效果比摆摊好多了，收入也好一些。有没有进学校里搞教学呢？

张民忠： 我曾经在深圳的两三个小学里教学，后来因为疫情，暂停了。我现在主要依靠面塑谋生。

主持人： 所以对您来讲，它是一项传统手艺，从责任上来讲，您觉得有必要传承它。同时从谋生的手段上来讲，您也需要靠它来养活自己和家人。您都用什么方式来推广它？

张民忠： 有很多展会，像深圳文博会。区里领导很关心、支持这个，他

们经常帮我，哪里有活动我就去参加。

主持人： 您带徒弟吗?

张民忠： 带了不少，也有几十个吧，不过坚持下来的没几个，因为赚不了多少钱。

主持人： 那您怎么坚持下来的?

张民忠： 就是喜欢吧，已经离不开它了。疫情期间，我忽然闲下来了，不知道该做什么好，坐着捏点面，就能静下心来。

主持人： 看来成就感是其次，更多的是您赋予了面塑人物以生命，它跟您之间有了情感连接。

张民忠： 是。现在区里面给了咱们进校园教学的机会，以后还要陆续开展这种培育课，想让孩子们记住我们的老手艺。

主持人： 小小的面团，大大的世界，长长的历史。面塑是传统文化的瑰宝，也是劳动人民智慧的结晶。

传承活化

　　小小的面团，大大的世界，这项北方特产的民俗工艺在第四代传承人张民忠手里，经过不断创新，演变成适应南方气候的艺术品。近年来，张民忠不断将面塑市场化，在多所学校、多家社区开设非遗课程，还多次受邀到澳大利亚、美国、马来西亚等国参加展会，将我国优秀的传统文化塑造成一个个五彩斑斓的形象，对外输出，让国外友人们也感受、了解中国传统文化的魅力。希望在将来，他能够继续向海内外播下非遗的火种，让越来越多的人更加了解、喜欢中国传统文化。

面塑（张氏）

麦秆画（聂氏）

（深圳市区级非物质文化遗产）

聂亚平

麦秆画（聂氏）代表性传承人

非遗名片

麦秆画，据考源自古代宫廷，其渊源可溯至隋朝。宋朝天圣年间，河南清丰民间麦秆画已十分有名，用麦秆拼贴的各种头饰、贴画风靡豫北。麦秆画（聂氏）则盛于明朝宣德年间的河南清丰。

第一代传承人聂万卷（1819—卒年不详），清朝道光年间河南清丰的著名麦秆画艺人，研制出平贴技法，用植物胶、皮胶粘贴出"观音""生肖""五福捧寿""吉祥花草"等，在集市、庙会出售，深受大众喜爱。

第二代传承人聂云路（1854—卒年不详），号"聂大能"，制作多品样麦秆画，拓展麦秆画发展空间。

第三代传承人聂维学（1885—卒年不详），将熨烫、漂煮等制作工艺发展成为聂氏套路，水平炉火纯青。

第四代传承人聂绍贡（1911—卒年不详），著名民间艺人，以麦秆画、纸扎等手艺谋生。20 世纪 50 年代初期，参加安阳文教局民间美术展览，广获好评。

第五代传承人聂远征（1955—），20 世纪 80 年代初子承父业，着力于还原麦秆画古色古香的韵味。

第六代传承人聂亚平（1990—），中国民间文艺家协会会员，自幼家承研习麦秆画技艺，充分挖掘其吉祥祝福内涵，并结合现代审美需求完善制作工艺。2013 年，移居深圳，于海内外传承发扬麦秆画（聂氏）。

第七代传承人袁桂喜（1988—），耐心执着、悟性高，其作品精细入微，富含情趣神韵：绘仙女，姿态嫣然、眉目含情；描猛虎，傲啸山林、气势雄浑；形牡丹，富贵祥和、前程似锦；状奔马，惟妙惟肖、腾云驾雾。

项目特征

麦秆画（聂氏）历史悠久，扬名中外。它制作精巧、艺术品位高，是不可多得的天然绿色民间艺术珍品。贴画以"吉祥花草"为主，如：兰花又称兰荪，且"荪"与"孙"同音，象征子孙兴旺；而萱草又名黄花草、紫萱、忘忧草等，宜子孙……吉祥麦秆画是"以形造意"的民间传统艺术。麦秆画具有古老性、广泛性、珍稀性和濒危性等特征，具有很高的艺术价值、学术价值和实用价值，丰富的文化内涵铸造了麦秆画强大的艺术生命力。

（一）古老性特征

传统麦秆画起源于隋朝，是一项古老的传统工艺。其艺术表现形式

为：将植物麦秆的自然光泽和纹理，通过熨烫碳化，麦秆随温度高低产生神奇的过渡色彩，给人以古朴纯真的原始之美的享受。

（二）广泛性特征

传统麦秆画采用天然植物麦秆手工制作，是劳动者的智慧结晶。历经几十年市场磨炼和技术革新，作品分为多个尺寸，有 300 余种构图样式，题材、内容丰富，且具有很强的市场操性。

（三）珍稀性特征

编织式技法、平贴式技法、多层次技法与立体浮雕式技法相互融合，发展形成独特麦秆画（聂氏）技法，麦秆画（聂氏）作品形象逼真、古朴典雅，且蕴含文化内涵，具有唯一性、珍稀性特征。

（四）濒危性特征

由于传统麦秆画对材料品质和工艺要求甚高，普通人不易掌握。将麦秆用中草药水浸泡后，包之以棉，根据存放时间与温差，使其原有自然色彩变为所需的不同色彩，工序较为复杂，目前熟练掌握此技法者甚少，具有濒危性。

（五）艺术价值、学术价值和实用价值

传统麦秆画蕴含丰富的文化内涵，具有高超的艺术技巧，色彩逼真，栩栩如生。人民大会堂、亚运村纪念馆、德国柏林市政大厅等都悬挂有这一高雅艺术品。传统麦秆画在世界多国艺术展览中为中华民族争得荣誉，被文化和旅游部誉为"中国民间艺术一绝"。麦秆画的自然光泽和纹理因角度不同会产生不同光泽和色彩，如慢慢加温熨烫使麦秆碳化，则麦秆光亮效果胜似乌金，色彩亮丽而典雅柔和、惟妙惟肖。麦秆源自自然，通过劳动者的智慧将其变为艺术品，这对研究艺术史乃至民族文化的形成都具有独特的学术价值。无论达官贵人抑或是普通百姓，对麦秆画都喜闻乐见，麦秆画对社会发展具有一定影响，对地方精神文明建设、构建和谐社会以及国际文化交流都起着积极作用。

精编访谈

主持人： 滚滚的麦浪、金色的麦秆、梦里的家乡……这是麦秆画（聂氏）向我们呈现的风景。老师咱们今天要聊您的麦秆画（聂氏），既然是麦秆画，也就是说跟麦子相关吗？

聂亚平： 是的。我出生在河南清丰县一个小山村，我们靠山吃山、靠水吃水，当地麦秆资源比较多。小时候父亲跟我说，爷爷那个年代，把麦秆收割下来后，会盘成龙的形状，用花镶嵌，然

后挂在墙上，这是麦秆画最早的形式。后来，这项技艺逐渐完善，除了用麦秆编织之外，我们还研发了剪刻、熨烫等工艺种类，来丰富麦秆画的表现形式。我手里拿的就是收割下来的麦秆，需要清洗、剥掉外皮、水煮、用中草药浸泡以防腐防潮，这样的麦秆长期不会变色。我爷爷当年做的麦秆画现在还在我们家里挂着，只要保存得当，不要放在特别潮湿的地方，麦秆画能够保存非常长的时间。麦秆画是一门比较象形的艺术，比如说我想做一朵花，就可以用原色的麦秆进行拼贴，做成花的形状。

主持人：您是什么时候开始学习麦秆画的呢？

聂亚平：从我记事起家里就有麦秆画，因为我行动不太方便，不能像其他小朋友一样出去玩，爸爸就给我剪刀，让我帮忙剪一些图案或者是画一些简单的作品。

主持人：您出生在一个麦秆画世家？

聂亚平：对，爸爸妈妈都是做麦秆画的。因为当时美术生都要去辅导班

147

培训，但因为我身体不太好，上下楼十分不便，父母也没有
办法去学校陪我，所以我没有专修美术专业，而是在家里跟
爸爸学。

主持人： 您的身体是出了什么状况吗？

聂亚平： 运动神经元受损。高中时，有一次发高烧去医院治疗，去的
时候是走路进去，回来就坐轮椅了。当时要做脊柱插管，在
治疗过程中，我的病情突然极度恶化。发展到母亲递给我半
杯水，我连水杯都握不住……出院的时候我已经站不起来了，
只能坐着轮椅。不过这几年，身体已经在逐渐恢复了。

主持人： 您是什么时候来的深圳？

聂亚平： 我是 2014 年落户深圳的。深圳这边福利真的挺好，深圳市残
联给我们这些残障人士提供辅具，比如站立床，我把自己绑
到站立床上面，让同事把我摇起来，我就又站起来了，真的
很开心。

主持人： 我发现您性格特别好，您反复告诉我"我很多时候是站着
的""我是可以站着的"……真的，您很阳光、很乐观！您可
能是第一个这样"走"进我们演播厅的。

聂亚平： 这个可能是受我爸爸影响。在旁人看来他的女儿身体不好，多
灾多难，但我爸爸很乐观，觉得遇到困难就去解决。2013 年，
我大学毕业，不想再过分依赖父母的保护，想靠自己养活自
己，我父母当时挺反对。我在网上投简历，后来有幸被深圳
一家企业录取，就来了深圳。爸爸送我来深圳，待了三四天
就走了。我当时特别坚定地跟我爸说，就算试用期不过在街
头要饭，我也要留下来。我的要求非常低，工资不重要只要
能录取就行。我的第一份工作是采购，公司是做电商的，是
一家采购手机壳、配件、办公用品的福利企业。工作做完之

后，我还向经理申请一块儿去帮忙贴工艺品，只要有活儿我都想干，还生怕自己做得不好。我觉得选择来深圳很幸运，我当时做的这个决定，可能正在改变我的一生。

主持人： 从什么时候开始，您又把麦秆画给捡起来了？

聂亚平： 2014年，我开始自己租房子，有了私人空间。当时身边有很多小伙伴，有残障人士当然也有身体健全的朋友，我让父母寄了一些麦秆画材料到深圳来，这些小伙伴觉得很有意思，就和我一起做，我也很有信心把它做好，不久就离职全身心投入麦秆画的制作中了。

主持人： 所以您现在带了学生吗？

聂亚平： 带。我的学生主要是两个群体，一个是残障人士，另一个就是大学生们。我们会承接一些订单，他们做的作品都可以进行销售，所以我们公司是完全有自我循环、造血能力的。

主持人： 这是一个很了不起的项目，应该传承下去，让更多人了解它。

聂亚平的徒弟： 我小时候得了小儿麻痹，留下的后遗症是不能走路。通过朋友介绍，我认识了聂老师。刚开始纯粹是由于好奇，接触一段时间后爱上了麦秆画，开始跟着聂老师学。她不光教会了我糊口的本事，还教会了我即使身体不便也可以拥有自己的理想和事业。

主持人： 温婉的笑容，柔弱的双肩，她们撑起了麦秆画（聂氏）传承的一片天，让我们一起祝福她们！

传承活化

　　传承人聂亚平努力将麦秆画（聂氏）这门传统手艺从河南带到深圳，并生根发展，她和先生精心制作的麦秆画作品多次获奖，她在深圳成立工作室开班授徒，并以进社区、进校园等形式发扬麦秆画技艺，同时也引领特殊人群，诸如残障人士学习麦秆画，总覆盖人数达5000多人次。从她的身上，我们看到了美丽、善良、健康，以及积极向上的精神。聂亚平努力赋予麦秆画这项传统民间工艺新的生命，在点亮自己的同时，也点燃了古老技艺传承的星星之火，让其升华延续。

麦秆画（聂氏）

烙画艺术（光明）

（深圳市区级非物质文化遗产）

张守福

烙画艺术（光明）代表性传承人

非遗名片

烙画艺术，其历史逾 2000 年，源起西汉，兴盛于东汉，后因连年灾荒、战乱一度失传，直至清光绪三年（1877）才被河南南阳一民间艺人重新发现整理，逐渐形成以河南、河北等地为代表的几大派系，除南阳外，河南、河北、广东、浙江、江苏、山东和安徽等地的烙画艺术也都十分活跃，可以说是高手辈出。

第一代传承人汪锦荣（生卒年不详），清末江苏常州人，创办常州汪义大梳篦店，始用炭基烧红金属笔头，后以钳夹住笔头，烫烙山水画、人物画、动物画或花鸟画，用以装饰木梳梳背以及篦箕等产品。

第二代传承人汪正和（1894—1927），江苏常州人。自幼学习描花、烫画，制作篦箕木梳。15 岁起开始在父亲汪锦荣开设的汪义大梳篦店学做篦箕木梳（包括描花、烫画）。

第三代传承人汪葆诚（1918—1999），汪正和之子，江苏常州人，自幼在父亲身边耳濡目染，对烙画产生兴趣。1933年起学习制作梳篦以及在梳篦上刻字、描花、烫画，1937年汪葆诚创办"和记汪义大梳篦店"。1955年公私合营后汪葆诚进入常州梳篦厂工作，直至1978年退休。

第四代传承人汪鹤鸣（1942—），江苏常州人，1963年开始学习烙画，推动"常州烙画"被评为省级非物质文化遗产。

第五代传承人张守福（1975—），自幼喜欢绘画，师承烙画名家汪鹤鸣。2015年，成立深圳市烙画艺术协会。2016年，创建光明烙画基地。

烙画艺术历经五代传承、发展，如今已然成为一项具有深圳特色的传统艺术。其在创作时，用火烧热烙铁在物体上熨出烙痕作画，在把握火候、力度的同时，还注重"意在笔先，落笔成形"，艺术特征、民俗特征、手工技法特征和环保特征明显，具有较高的文化经济价值。

（一）艺术特征

中华人民共和国成立初期，烙画是以木烙花筷子为主发展起来的。木烙花筷子选用冬青木，质地优良，工艺精湛，性寒凉，色洁白，用香油浸泡后，呈象牙黄色，气味清香，有助于养生。工匠们用手工在方头筷面上烙绘出的画面，典雅精美，可供欣赏，因而木烙花筷子又成为收藏者的所爱。当代烙画已发展到丝绢、宣纸上，成为类似于国画的艺术品，备受世界各地人民的喜爱。

（二）民俗特征

烙画艺术根植于民间，凝结了劳动人民的聪明才智，多取材自民间喜闻乐见的素材，创作者是能书会画、有知识的农民。它既受到农民的喜爱，又受到上层社会人士的青睐。

（三）手工技法特征

烙画又名烫画，烙画者利用烙铁的热度、巧妙的手法和熟练的绘画技巧，将木板烙煳，使其呈现出深浅不同的褐色图案，具有手工技法特征，深受广大群众喜爱。

（四）环保特征

烙画取材广泛，绿色环保，画面丰富，永不褪色，具有一定的浮雕效果，古朴典雅，清新秀丽，独具特色。

（五）文化经济价值

烙画是一门熔古铸今、独特而又充满感染力的艺术。它与其他绘画的造型原则一致，十分注重形式与内容的统一，给人以美的视觉享受，

其质感美往往诱发观者用手触摸，满足触觉愿望，具有极大的艺术赏析价值；它累积了许多前人的经验与智慧，为研究过去的社会文化、色彩文化、民俗文化、工艺发展等提供了重要的史料。随着科技的进步，如今烙画艺术已运用在家具和家居装饰上，有着很高的市场经济价值。烙画艺术品不仅雅俗共赏，还能流传百世，近年来，以其特有的艺术魅力多次在国际国内艺术博览会上及各类艺术大展中展露风采，已成为一种风格高雅的艺术欣赏品和馈赠国际友人的礼品，吸引了国内外许多客商。

精编访谈

主持人： 烙画是中国古老珍稀的画种之一，它不是通过水墨而是通过高温烙笔，在木板上烫烙出精湛的艺术品。

张守福： 现在的烙画是用电烙铁在不同的物体上通过碳化原理做成一幅画，有点像是温度的艺术，它通过和物体接触的温度高低、时间长短，呈现出不一样的画面。

主持人： 彩色的烙画作品多吗？

张守福： 根据观众的喜好和我们匠人师傅的习惯，会做一些彩色的作品，颜色会鲜艳一点儿。

主持人： 彩色的烙画会掉颜色吗？这看上去很立体。

张守福： 不会。立体是因为它被烫的地方温度不一样，所以凹痕是不同的。我还创作了深圳地标建筑《平安金融大厦》《深圳拓荒牛》这几幅作品，都是我去市委那边拍照片回来进行临摹创作的。

主持人： 您的这幅作品中拓荒牛身上的立体感特别明晰。

张守福： 对，烙画可以呈现不同题材，有版画的效果。

主持人： 烙画有多少年的历史了？

张守福： 烙画起源于西汉，兴盛于东汉，距今有2000多年。它最早的发源地是河南南阳，后来慢慢传到全国各地。最早的烙画，由于工具受到很大限制，因此没能保存到现在。中华人民共和国成立以后，国家对这个画种很重视，在河南建造了一个国有企业，就是现在的烙画厂。

主持人： 您当时是怎么接触到烙画的？

张守福： 我在2001年左右到深圳创业，有缘接触到朱培杏老师，当时就很好奇，他拿电烙铁在木板上画，有时候烫狠了还会冒烟，发出一种木香味。

主持人： 之前您没听说过烙画？

张守福： 没有。刚来深圳时我从事汽车行业，之后才接触到烙画。

主持人： 您之前一点儿烙画知识和基础都没有，怎么会突然对它感兴趣？

张守福： 和个人性格有关系，我喜欢安静，一个人静悄悄地拿电烙铁涂画，找到自身快乐，对它的兴趣越来越大，很想跟老师学习。

主持人： 那汽车行业的工作还在做吗？

张守福： 我一边做着汽车行业的工作，一边学烙画。烙画这个行业，因为小众，且不能批量生产，基本上没有什么市场，必须有其他的经济来源才能继续。

主持人： 换句话说，烙画并不能够帮您谋生？既然靠它挣不到钱，为什么您还在做烙画？

张守福： 我找到了自身的价值和乐

趣。再加上很多人都不知道这个画种，我想帮老师做一些展览，参加一些活动。像在 2015 年，我做了一个全国烙画展。

主持人： 都是您自己的作品，还是收来的作品？

张守福： 是全国老师的作品集锦，我只是在深圳光明区（原光明新区）搞了一个全国性质的展览。从此之后，这个展览每年举办一次。我希望通过这个场地，让更多的作品在这得到展示。这个展览的所有经费全是我出的，包括策展的钱，都是我靠卖机油，赚得的一点儿小钱。

主持人： 用汽车行业挣来的钱，来做烙画展览？您这是真爱，这是很艰难的。

张守福： 我认识老师好几年了，在他参加第二届烙画展后，正式拜他为师。作为烙画艺术传承人，除了个人传承发展烙画艺术，我更强调群体艺术才华的贡献，对它进行最广泛的传播。

主持人： 铁笔抒胸臆，丹青展世界。烙画是燃烧的艺术，一块块木板在匠人的手中经过千百次的烫烙，被赋予了新的生命和意蕴。

传承活化

　　从滚烫的火针到粗细不一的烙笔，烙画在历史长河中不知不觉已走过 2000 多年。它演绎着一代代烙画匠人的匠心独运，也彰显着中华传统文化的独特魅力。作为一项极其小众的传统艺术，为了能够被大众所认知和传承，第五代传承人张守福先后成立深圳市烙画艺术协会和光明烙画基地，并策划全国性烙画艺术展等，他所做的并不只是个体传承，而是统筹百家名作，做最大化的推广传播。希望在开放包容的深圳，古老的烙画艺术能够持续焕发新的生命力，续写其千年不朽的传奇。

烙画艺术（光明）

中国手指书画

（深圳市区级非物质文化遗产）

王和平

中国手指书画代表性传承人

非遗名片

手指画又称"指头画"，最早记载于唐代张彦远撰写的《历代名画记》。张璪以手抹绢作画，距今已有 1200 余年历史。而最早的指画传世作品，为清初期广东南海吴韦的指画《花卉图长卷》，距今已有 380 余年。

第一代传承人虞一风（1916—1986），浙江镇海人，1944 年到广东游历，受手指书画大家高剑父影响，开始画指画，并受晚清儒将张玉堂拳书的启发，创作手指书法。篆书、隶书、行书、楷书、草书等均有涉猎，后整理编写《中国指画艺术》一书，将手指书画列为最高艺术。

深圳非遗·第一辑

师传第二代（家传第四代）传承人王和平（1963—），湖北武汉人，定居深圳。1980年拜虞一风为师，成为其入室弟子，1980年至1986年，随虞一风受吴南生之邀，多次到深圳、广州、汕头等地举办手指书画展、培训班。王和平既有师承又有家传，1999年他正式随夫人祖母陈虹若学习国画及指画，2005年定居深圳龙岗区，开办王和平手指书画工作室，从事中国手指书画的研究、创作与推广工作。

　　师传第三代（家传第五代）王弘宇，湖北武汉人，现居深圳，擅长手指书画；王弘逸，湖北武汉人，现居深圳，擅长手指书画；刘玥乔，北京人，纽约大学本科在读，专习手指书画。

项目特征

　　中国手指书画以手指代笔作画、写书法，是以手指（包括拇指、食指、中指、小指）、手掌、拳在宣纸和绢上蘸墨、着色创作的书画作品，是我国书画的一种特殊形式，它包括手指画、手指书法两部分，具有鲜明的传承完整性、独特性、艺术性、地域性、民间艺术特征明显，其线条、渲染、表象独特，创作者的指掌纹使艺术作品难以仿制，具有较高的历史文化价值、艺术收藏价值和社会价值。

（一）传承完整性

王和平既有师承又有家传，完整地传承了中国手指书画技艺，创作时多以食指为主，辅以拇指、小指，泼墨时五指、手掌、手背并用，在画线条和渲染等技法上不断创新。

（二）独特性

写指书，必须凝神静气，一笔一画写出来，指书线条圆润曲折、枯湿浓淡，边缘处自然形成斑驳的质感；作指画，由于手指粗秃硬拙，难画精巧之物。须发挥枯墨法、焦墨法、泼墨法和误墨法等的特点，所画对象在似与不似之间，浓淡阴阳变化于自然。

（三）艺术性

中国手指书画继承传统，汲取中西绘画长处，突出手的综合运用。包括勾、卷、拉、划、拍、拖、握等技法和渲、染、擦、积等多种手法。十指连心，直抒创作情感，以其指纹与掌纹产生的天然的肌理效果，使绘人写景气韵生动。

（四）地域性、民间艺术特征明显

自清代吴韦以后，中国手指书画在广东地区广为流传。民间艺人众多，创作内容包括岭南山水、民间传说、传统风俗、花鸟等，无不体现岭南地区质朴的民间美学传统，承载着广东地区的历史记忆与文化认同。

（五）历史文化价值

广东各地博物馆、美术馆以及香港中文大学等收藏了大量清代以来各个时期的手指书画作品，极具历史价值。作为传统美术，中国手指书画表现题材包括岭南山水、人物、花鸟等，反映当地风物、文化演进，是岭南美术历史发展不可或缺的重要组成部分。

（六）艺术收藏价值

中国手指书画，技法独特而丰富，指书线条如斧斫刀刻，指画艺术语言生动，水墨色交融，产生特殊的美学效果，极富意趣和艺术特征，具有一定的收藏价值。

（七）社会价值

艺术家在创作实践中创造出丰富多彩的作品，体现艺术多样性。青少年在学习中国手指书画后，对中国传统文化更加喜爱和热衷，对和谐社会建设具有积极正面的作用。

精编访谈

主持人： 手指书画是中国书画的重要组成部分，有着千年的历史传承，那么以手代笔，到底会描摹出怎样的世界呢？您画了这么多年的手指画，对手指会有伤害吗？

王和平： 有伤害。你看我的手指，跟别人的可能不太一样。中指在我画
作品《纤夫》的时候，感染了甲沟炎。到最后，整个手肿了
起来。

主持人： 您的手确实不一样。

王和平： 当时我到医院去把整个指甲拔掉了，这是后面长出来的。我画
指画，第一是因为从小就喜欢，第二是我想突破工具的束缚。
打个比方，用手指画长线，是很难一笔画下来的。

主持人： 得拿着毛笔，毕竟毛笔有个长长的笔管子。

王和平： 对，毛笔可以吸水、吸墨，可以随自己的控制来表现。但指画
不行，因为手指含不了墨，别说画长线了，蘸上去以后，画
不好就成了一团。

主持人： 既然它有这么多缺点，您为什么还是要用手指来作画？

王和平： 因为指画还有一个特点，每个人的指纹都是独一无二的。如果
你的画被别人看中了，或者想模仿，即便写上我的名字，都
是假的，因为细看里面指纹是不一样的。

主持人： 对，这是非常绝妙的地方，那您用手指作画，画了多少年了？

王和平： 应该有 40 多年吧。28 岁以后，我就把指画作为我的研究课题，比方说外面那幅作品《母亲》，是我不仅用技巧，更是用心去画的。想画一幅这么大的画，而且是用手指去完成，难度相当大，因为这个技法以前没有，所以我想了很多办法，用了很多方式。我把纸张至少在墙上挂了半年，才开始用手去画。后来在山的背面加了个小人物，来表现我自己。他在攀岩、在拉纤。小时候因为受了家里影响，我爸走了以后，我们家里环境就变了，除了偷、抢没有干过以外，该干的活我都干过。

主持人： 您也拉过纤？

王和平： 拉过纤，也拉过人力车。

主持人： 您小时候很苦，不容易。

王和平： 画画对我来说，是最快乐的事情。那个年代，很多庙里面都破旧不堪，上面的色彩都要人工补上。为了讨碗饭吃，我就在上面学着补色，这是一个艺术创作的过程，我很喜欢。

主持人： 您能一直坚持作画，是源于自己内心的喜欢？

王和平： 是，很多人应该知道，画画实际上是一件很费钱的事。像当时，我们5分钱只用3分，剩下2分钱要攒起来买纸、买笔墨。

主持人： 您把生活中的很多场景，都嵌入了您的画作当中。

传统美术

163

王和平：是，这幅画当中也有我母亲的影子，我画完这幅画以后拿去装裱，裱好挂到墙上时，我摸着它，眼泪就自然而然地流下来了。因为这么大的一幅人物画，里面所有的线条，都是我用手一点点去完成的。对我来说，这既是一种技法的突破，也是一种绘画语言的突破。

主持人：在画里面，妈妈的每一寸肌肤，都是您用手摸出来的。

王和平：对。

主持人：所以我走近这幅画的时候，不敢去正视她，因为看了之后，很容易掉眼泪。手指画的魅力和震撼力都在这幅作品里展现得淋漓尽致。力透纸背的阳刚，残缺古拙的金石和直抒胸臆的率真，这是手指书画的魅力和生命所在。

传承活化

40多年来，王和平以梦为马，孤灯苦修，突破手指头在生宣上画长细线条的桎梏，逐渐形成独特的艺术风格。2013年，成立书画研究院专项研究中国手指书画，深入挖掘其在广东深圳的历史及传承并广收弟子，其子王弘宇、王弘逸亦自幼随父习手指书画。同时开展中国手指书画大讲堂（进学校、社区、企业、军营）普及讲座，已累计开展近

200 场。研发传承培训系列课程，开办中国手指书画非遗特色的绘画、书法培训班 40 多次。开展中国手指书画图文流动展 30 多场，使中国手指书画不断焕发新的活力。

中国手指书画

传 统 美 术

盆景艺术

（深圳市区级非物质文化遗产）

林鸿鑫

盆景艺术代表性传承人

非遗名片

　　深圳市区级非物质文化遗产盆景艺术起源于南宋时期的浙江温州。民国初期，盆景艺术家李益昇以底蕴丰厚的江浙园林艺术为基础，学习、研究、融合前人理论及盆景各流派的艺术，形成了独特的盆景艺术。

　　第一代传承人李益昇（1898—卒年不详），1916年创办长春苗圃。

　　第二代传承人李加珍（1922—卒年不详），从艺65年。

　　第三代传承人林鸿鑫（1937—），浙江温州人，现居广东深圳。1974年起师从李加珍；1997年受深圳市政府邀请，于深圳东湖公园开创盆景世界，开展盆景教学研究工作；2003年举办深圳首届盆景艺术培训班，开展非遗传承教学等。

　　第四代传承人有陈习之、邱益光、郭少波、林静、林超、曾祥忠、梁久安、徐南州、彭勇、迎春、李虎文、陈凯、林峤、林迪。

盆景艺术是一门综合性艺术，涉及园艺技术、盆景工艺、文化艺术、美学原理等，流程实践有工艺制作、培育养护、环境设计、陈设布局等，对园林庭院、诗歌绘画、美学造型、生活家居等方面产生了

深刻的影响，被誉为"无声的诗""立体的画"，具有鲜明的艺术特征以及重要的历史文化价值、艺术价值、科研价值和经济价值。

（一）艺术特征

盆景艺术，除了传承的树木、树石、山水等传统题材造型以外，还包括异型、微型、组合等形式题材，概括起来可分为三大类，即树石类、树木类、山水类。材料主要有植物和山石、盆器、几架、配件这五类。所用植物主要有松柏、杂木、花果、竹草等，以松树、柏树最为常见。制作盆景所用工具多种多样，按其功能可分为造型工具、雕琢工具、打磨工具、修剪工具、养护工具、蟠扎工具、扦插嫁接工具这七大类。制作技法主要有蟠扎、修剪、雕琢和组合四种，其中以蟠扎最具特色。盆景艺术家可根据不同的造型部位和艺术要求灵活运用，各施其技，力求做到美观、实用。

（二）文化经济价值

盆景艺术发源于中国，历史悠久，源远流长，是中华民族传统文化的瑰宝。它萌芽于新石器时代，至汉代初具雏形，发展于唐宋，明清时达到鼎盛，至民国时期逐渐走向衰退。中华人民共和国成立后，盆景艺

传统美术

167

术几经起伏，至改革开放后逐渐恢复，在传承与发扬中加以创新，风采重现，成为中国第二批非物质文化遗产之一。盆景艺术以满足中国审美需求的摆件为主，在题材、构图、造型、技法等方面均有突破，以合适的植物石材盆器等，精心构思，因材施艺，运用不同的工具和独特的造型技法，制作出精美的盆景，具有极强的观赏性和艺术性。

精编访谈

主持人： 盆景艺术可以说是中国特有的传统艺术，它在盆中塑景，模拟大自然最优美的景象，方寸之间意境深远。

林鸿鑫： 温州地区的盆景属于浙派盆景，以树石为特色。树石盆景历史上最早有记载是在南宋，温州有个状元叫王十朋，他在家里种了一个花圃，他记载了树、石头怎么结合，温州等于是树石盆景的发源地。

主持人： 您当时是跟谁学的？

林鸿鑫： 我有个师父祖祖辈辈都是搞盆景的，又种茶花又搞盆景，我跟他是搞茶花认识的，因为我种过茶花，他让我买所有好的茶花品种，来他家里做盆景。后来我对盆景有兴趣了，就跟他学。

主持人： 20世纪90年代，做盆景艺术让您的人生有了一个高光时刻。盆景该怎么去欣赏？

林鸿鑫： 看它的造型艺术，盆景源于自然高于自然，第一看板根，第二看枝干，第三才看树枝。

主持人： 所以这个经过您的造型处理的盆景，您让它有往前倾的造型，显得协调又漂亮，可以看到整个大自然的感觉。

林鸿鑫： 对，较小的（盆景）会有沧桑感，这叫小中见大。最后再放进底座里，放在茶台里，很漂亮的。盆景有"一景二盆三几架"

的说法。这样才是一个完整的盆景。

主持人： 您到深圳是哪一年？什么原因来的呢？

林鸿鑫： 1997年。当时香港即将回归，深圳市城管办同东湖公园商量，说香港回归之前，一定要把盆景园开放。因为盆景园建成好几年了，但由于技术限制，没有足够的盆景来迎接香港回归。最后，决定从外地叫人到深圳，我从浙江过来深圳，觉得深圳环境很好，就一拍即合了。

主持人： 当时就直接把这些盆景运到深圳来？

林鸿鑫： 不是，我们先签订合同，合同第一条说70天内一定要开园。我知道深圳没有盆景，所以想把盆景艺术传到深圳来。

主持人： 所以您把温州的事业交给了孩子，带着盆景来到了深圳。这20多年，您的盆景有没有因深圳的地域特点，发生制作和创意上的变化？

林鸿鑫： 有的。当年我是全国拥有五针松最多的一户人家。我用轮船把

169

五针松运到蛇口码头，结果因为气候太热，一下死了49盆，我马上就叫8辆大车把它们运了回去。再比如说深圳市花簕杜鹃，还有九里香，在温州种不活，在这里就可以。

主持人： 就是说要根据当地的气候，因地制宜做调整。

林鸿鑫： 到一个地方一定要融合当地人文。

主持人： 现在东湖公园里面的盆景，基本上都是用当地植物来做的吗？

林鸿鑫： 当地植物比较多。1997年香港回归的时候，公园开放了，盆景向大家展览，也同时在深圳百师园博物馆里展览。

主持人： 您到深圳之后，如何在这座南方城市传播温州盆景艺术呢？

林鸿鑫： 任何事业都要创新，盆景也要创新，不创新不行。比如茶壶盆景，是由我创成。当时是因为茶壶没有盖了，丢掉觉得可惜，泡茶又不行。后来我想到，茶壶是泥性陶瓷，和我们种花、种盆景的盆一样，就有灵感了，于是我在茶壶上打了个洞，种起盆景很漂亮。我写了一本书，叫《紫砂壶盆景》。为什么第二本书要叫《花瓶盆景》？因为紫砂壶盆景我创造成功了，花瓶肯定比紫砂壶漂亮。于是，我在花瓶的肚子上打个洞，扩大空间，这样种起来更方便，造型也很漂亮，是另外一种景观。

主持人： 这是您的创新。您有这个想法的时候，是多大岁数？

林鸿鑫： 这个是前年才想起来做的，去年开始写书，因为这个造型创造成功了，必须要用文字把它记录下来，给后人留下这一技艺。

主持人： 您现在写了 8 本书了？相当于在您的前半生，您一直在创作中积淀，到了后半生，您要把这些积淀变成文字，流传后世。

林鸿鑫： 对于深圳来说，盆景艺术应该说是很有前景的。所以今后我还会更忙，我都 84 了，还要大展宏图。

主持人： 得精气神之三味，融诗书画于一体，盆景艺术可以说是尊重自然、施法自然，在方寸之间展现天地之美。

传承活化

　　盆景艺术作为传统文化瑰宝，历史悠久，源远流长，是富有自然情趣的东方艺术精品，可以在与植物的对话中给人带来美的享受和身心的滋养。1997 年第三代传承人林鸿鑫将盆景艺术从故乡温州带到深圳，

落地生根，他倾尽半生，付诸盆景艺术。如今，耄耋之年的老人依然每日对园中盆景进行精心养护。几十年间，异乡深圳的新鲜景致给了林鸿鑫更奇巧别致的艺术构想，他独创的茶壶盆景和花瓶盆景令人叹为观止。为了能让老祖宗的手艺传承下来，林老先生的女儿和徒弟们也在努力学习盆景艺术，进行盆景教学和对年轻从艺者的培养，或许这才是盆景艺术源远流长的生命力所在。希望更多人能关注盆景艺术这个非遗项目，在繁忙的都市中，觅得内心的安稳和丰盈。

盆景艺术

传统音乐

大鹏山歌

广东口哨

树叶吹奏

松岗七星狮舞

古琴艺术（岭南派·深圳）

九嶷派古琴艺术

水田舞麒麟

佾舞

大鹏山歌
(广东省省级非物质文化遗产)

欧进兴

大鹏山歌代表性传承人

非遗名片

大鹏山歌，即用大鹏话传唱的民歌，其历史可追溯到明清时期，盛行于清末，传承至今已有 600 多年历史，现主要流传于深圳市大鹏、南澳等街道。大鹏山歌的演唱形式灵活多变，且只要掌握大鹏方言即可传唱，传承和发扬的形式主要为自学，因此构成了群体性传承。

第三代传承人欧进兴（1938—），深圳大鹏人。分别于 2009 年、2012 年被评为市级、省级非物质文化遗产项目代表性传承人。欧进兴在 8 岁的时候，于放牧时向长辈学习唱大鹏山歌，年轻时被公认为"大鹏山歌王"。他能即兴编词、即兴演唱，非常擅长唱"地名歌"和"咸水歌"，在大鹏的很多民间的山歌擂台赛中都有突出表现。他善于改编大鹏古老的山歌，把文言文、深奥冷僻的山歌句子变得通俗易懂，老少皆能传唱，广受欢迎。

第四代传承人卢水根（1950—），土生土长的大鹏人，从事教师一职 30 余年，2009 年光荣退休。在当地成立了老年山歌艺术团，卢水根当团长，第三代传承人欧进兴任教练，将大鹏山歌继续传唱。

项目特征

大鹏山歌，自大鹏军所诞生时就已出现，以大鹏军语传唱，随着时代变迁，几乎无大变化，具有鲜明的地方特色和民间传承特征，具有不可估量的历史文化价值。

（一）艺术特征

大鹏山歌的题材丰富，从歌曲用途上可分为地名歌、问答歌、哭嫁歌、哭丧歌、仙歌 5 种；从表现内容上分为劳动歌、爱情歌、掌牛歌和生活歌 4 种。演唱方式有独唱、男女对唱、群唱和尾驳尾斗唱等；修辞手法多用比喻、起兴、赋、叠

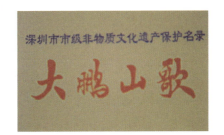

字和双关语；句式结构多为七言四句、五言二句和五言一句的散板；曲调较为平缓，基本上是一字一音，偶尔会出现一字二音、三音，四句中第二、四句有较长的拖腔。

（二）民间传承特征

其演唱形式灵活多变，不需要固定的场所，山间、田头、海角、村尾等任何地方均能演唱；其演唱也不受人数限制，人多时能唱，人少时也能唱，演唱多为即兴编词、即兴演唱，看到什么就唱什么，想到什么就唱什么，其歌词内容等具有浓厚的地方特色。

（三）历史文化价值

演唱大鹏山歌的"大鹏军语"，是我国现存不多的古代"军语方言岛"语言之一，在语言学上具有重要的价值；大鹏山歌包含的大鹏地区传统民俗风情风貌等内容，对于大鹏的历史变迁、人文社会环境的研究，是不可多得的佐证材料。

精编访谈

主持人： 山歌，顾名思义是山间田野的歌，但在深圳有这样一群人，他们既不在山间，也不在田野，而是在大海边放歌。这种山歌就是大鹏山歌，大鹏山歌有着怎样的特色呢？欧老您今年高寿？

欧进兴： 我是 1938 年生人，今年（2020 年）82 岁了。

主持人： 大鹏原来是军所？

欧进兴： 对，有 600 多年的历史了。

主持人： 那咱们山歌有多少年历史？

欧进兴：山歌从大鹏军所诞生那个时候就有了，当时古城里有讲白话的，也有讲客家话、潮州话的，方言太多大家互相之间听不懂，朝廷想了一个办法，设置一个统一的语言，就是用地名说起了"上洞夹下洞""土洋行过是葵涌""叠福下沙就到王辅洞""龙岐在对面水头冲"，用吼唱的方式来沟通，这样士兵就能够知道是派他到哪个地方去放哨，这是地名歌。

主持人：唱山歌用的是哪种方言？

欧进兴：军语，大鹏古城统一讲军语，我们当地的大鹏话，是原生态的口音。

主持人：您唱山歌有多少年了？

欧进兴：我从小的时候就学唱山歌了，就是七八岁的时候，我的妈妈很会唱山歌，唱得很好听，我经常听她唱，就叫妈妈教我唱。

主持人：什么山歌呢？

欧进兴："打掌仔，打娃娃""捡猪屎，拾黄瓜"，这个是童谣。11岁左右我去牧牛了，当时和好多比我大的哥哥姐姐一起去山上放牛，大家一有空，就唱起了掌牛歌，然后我也就学会了。

主持人：怎么唱呢？

欧进兴："掌牛仔，掌牛歌。手提牛绳随地拖，水浸田堂没地坐，如同番鬼望菠萝。"意思就是一到下雨天的时候，就没有地方可以坐，一坐下去屁股都湿掉了，说明放牛仔的艰苦。

主持人：很有生活气息。

欧进兴：到了谈恋爱的时候，要唱爱情歌，"高山岭顶一棵松，丫丫枝枝吊灯笼，甘好灯笼冇蜡烛，亚妹甘靓冇嫁老公。"男的唱

传
统
音
乐

完，女的就要唱了。

主持人： 您有没有这样对您太太唱过？

欧进兴： 我的太太就是我唱山歌唱来的，我对我太太唱这首歌："亚妹嫁我好咯，嫁我单身贼有钱。"

主持人： 我觉得你们唱歌就像说话一样，像对话一样，想到就唱出来。

欧进兴： 对。

主持人： 您的主要工作是在歌舞团？还是在大鹏有其他工作？

欧进兴： 我是鹏城人，在鹏城当过村干部，当了 22 年，2006 年退休。

主持人： 等于是在政府工作，唱歌只是您的爱好，退休之后，您就一直致力于山歌的传承？

欧进兴： 对，2012 年，我成为广东省的大鹏山歌传承人。

卢水根： 我 13 岁开始唱山歌，跟我妈妈学。

主持人： 以前都是女人唱得多？

卢水根： 对，以前是女人唱得多，都是在家里料理家务，带儿孙，一边抱着他一边唱山歌。我也是这样，小的时候，老妈唱山歌，我一会儿就睡着了。退休之后，我就组织了一个老年人的文艺山歌婚嫁表演队，到深圳市周边表演。我们到中学、小学、幼儿园去，唱山歌讲大鹏话，我们整个团队，已经上了有 80 多节课了。在小学里面，我专门培养一个班，是本地的学生，因为他们已经具备了说大鹏话的能力了。

主持人： 所以你们坚持这个原生态的山歌。

卢水根： 对，一定要用当地的方言，用自己家乡的语言来唱。

主持人： 什么时候开始办这个？

卢水根： 2012 年开始，到现在有七八年的时间了。

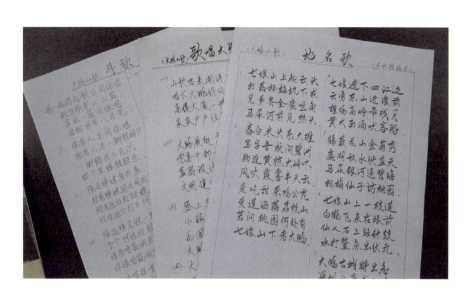

主持人： 所以您做了很多这方面的记录，真是很棒，我觉得这是对大鹏地域文化的另外一种方式的记录。

山歌队队员阿婆： 我加入这个山歌队已经有 10 多年，我喜欢唱山歌，比较自由自在，一直唱山歌让人的心情很舒畅。以前我听老妈和阿婆唱过，感觉都很不错，后来我就来了山歌队学，前辈教我我就学，我的孙子孙女，小小个的时候我就抱着或者坐着教他们唱问答歌。"你知乜人过水脚唔湿啊，乜人上树树唔摇。"她现在一听到我唱就看着我。她也会唱几句，我说你学了山歌变聪明了。

主持人： 大鹏山歌来自大鹏军语，有着 600 多年的历史，原生态的山歌一声声迭唱，记录着不一样的沧海桑田。

用大鹏话口头传唱的山歌，如今已在深圳传唱了几百年，无论是第三代传承人欧进兴，还是第四代传承人卢水根，或是老年艺术团的队员们，他们生于大鹏，长于大鹏，他们从儿时便开始学山歌，一唱便是一辈子，大鹏山歌已成为他们生命中的一部分。对于他们来说，执着而又坚定地守护着大鹏山歌，不仅是守护着老祖宗留下来的文化遗产，更是守护着内心那一份对乡土的依恋。如今大鹏山歌的第五代传承人还没有着落，但相信念念不忘必有回响，只要有人执着坚守，大鹏山歌便会继续传唱。在未来，希望这种深圳本土韵律得以更好地延续。

大鹏山歌

广东口哨

（深圳市区级非物质文化遗产）

伍达泽

广东口哨代表性传承人

非遗名片

口哨音乐距今有近 3000 年的历史，《诗经》中所反映的时代，即公元前 11 世纪至公元前 7 世纪，啸——口哨音乐就已存在。口哨音乐表演艺术分布广泛，演奏方法独特，虽历代都有造诣颇深的代表人物，但并不一定存在传承关系，在发扬和传承的形式上主要体现为自学，因此构成了区域性口哨音乐表演艺术风格流传。

第一代口哨音乐创始人（具体名、生卒年不详）。

第二代传承人章棣和（1935—），中国交响乐团的双簧管演奏家及著名口哨音乐演奏家。1984 年通过中国唱片公司出版了中国最具影响及权威的口哨磁盘音乐《口哨与乐队》。

第三代传承人赵东江（1950—），现居广州市越秀区，任中国口哨协会理事、广州音乐家协会会员、广东省老干青松乐团副团长，经常参加军队慰问演出，曾被广州媒体封为"六旬口哨王"。

第四代传承人伍达泽（1972—），现居深圳市罗湖区，任中国口哨协会常务理事、深圳市音乐家协会会员，经常参加各种大型演出，接受过中央电视台、广州电视台、深圳卫视、河南新乡电视台、深圳广播电台、《北京青年报》、《深圳日报》、《南方日报》等媒体的采访报道，并经常去香港、澳门，乃至远赴日本为华人侨胞做慰问演出。

项目特征

口哨音乐虽说历史悠久，但真正保留下来的少之又少，到公元13世纪（南宋末年），口哨音乐仍然存在，元代、明代以后就难见其踪迹了，直到现代才又开始出现一批知名的口哨音乐演奏家，如中国交响乐团的原双簧管演奏家章棣和、广东的粟杰等人。第四代传承人伍达泽，其口哨可达3个半八度音，或为全世界口哨音域最宽者，一般口哨爱好者约为2个八度，口哨专业演奏家通过训练可达到3个八度。口哨音乐

呈现出鲜明的原生态历史文化特征、广泛的群众娱乐特征，具有较高的历史文化价值、实用价值和经济价值。

（一）原生态历史文化特征

作为一门艺术，啸艺（俗称"口哨"）具有悠久的历史和相当程度的辉煌，中国最早的诗歌总集《诗经》里就有记载，到唐代，孙广又对口哨音乐进行理论总结，撰写了《啸旨》，明代几乎已认为啸艺是隐逸修道的必修课。

（二）广泛的群众娱乐特征

口哨在群众中有广泛的基础，多用于自娱自乐，登上大雅之堂的倒不多见。在会演奏广东口哨的群众中，有自学成功者，也有无师自通者，所以在吹奏方法上，并不完全统一。

（三）历史文化价值

中国的民族音乐艺术口哨是世界上非常具有特色的一种艺术形式。中华民族几千年的文明中，创造了大量的优秀民族音乐文化，所以口哨的表演形式有着非常广泛的群众基础，形成了有着深刻内涵和丰富内容的民族音乐体系。这一体系在世界音乐中占有重要地位，在现今利用口哨进行的文化交流中也同样起到了相当重要的作用，所到之处，当地侨胞无不为中华民族的悠久文化喝彩并深感骄傲。

（四）实用价值

口哨可娱人，可娱己，是人最方便的情绪表达和宣泄方式，要吹奏口哨必然要对音乐或歌曲进行了解和学习，自然加深了自身的艺术修养，对创建和谐家庭、和谐社会可起到一定促进作用；而吹口哨需要控制气

传统音乐

183

息，所以又对人体的气息相关系统有着锻炼作用，常运用丹田呼吸，有助调理内息，同时吹口哨相当于给脸部按摩，有一定的美容作用。

（五）经济价值

口哨音乐也是文化艺术的一种形态，口哨音乐的文化交流，也将增进港澳台同胞甚至是全球华侨对祖国的热爱，其培训、演出、文化推广等活动就可以产生一定的经济价值。

精编访谈

主持人： 我们大家对口哨都非常的熟悉，而在广东深圳流传着一项有着2000多年历史的口哨技艺，广东口哨在唇齿之间吹奏了一个怎样的世界呢？您个人对口哨的理解和对口哨的运用，和前人相比有哪些不一样？

伍达泽： 我加入了一些笛子的元素，甚至是自然界的某些声音。像我是客家人，自己也创作了一些客家元素，叫作"客岭庆丰收"，它是一种原生态山歌，唱的是"哦嘿，对面的阿叔，友好山歌哇"，把音乐加上，听起来又是另外一种味道。

主持人： 您成功地让我忘记了您是坐在这儿的，我刚刚好像听到了山林里水流的声音，鸟鸣、风吹的声音，总之是各种各样的声音。

伍达泽： 这个描写的是，清晨天蒙蒙亮，刚好这一天又迎来了我们客家丰收的节庆，村民们欢乐地载歌载舞。

主持人： 口哨有多少年历史了？

伍达泽： 存在了近3000年，在《诗经》里就有"啸"字，"啸"在《康熙字典》里的解释叫作"蹙口而出声"，就是我们吹口哨的口型。那么在古代，它多运用在这两个场景中，一是用于早期的祭祀活动中，二是用于古代狩猎，在一起围攻猎物的时候发布一些命令，或者是传递消息。魏晋时期，就有记载"以啸退敌"，当时就是说刘琨在守边疆的时候，有胡人来犯，他当时的兵力是绝对没办法跟胡人抗衡的，在晚上很安静的时候，他就站在墙台上，用口哨啸的方式吹响胡兵家乡的一些音乐，士兵一听这个歌，思乡情绪马上就被他调动起来了，军心全部散掉了，没有战斗的欲望。

主持人： 这招很厉害。

伍达泽： 对，后来敌人就带着兵回去了，撤了。

主持人： 口哨技艺的感染力是非常强的，它触动人灵魂深处的情绪，那您怎么想起来把它申请非遗的？

伍达泽： 我的父亲，还有祖辈，都会吹口哨。我印象之中，父亲用露出牙齿的哨子在吹，我们管它叫齿哨，上学之后，我发现他心情好或者不好，都会用齿哨来吹他喜欢的一些歌曲。

主持人： 您父亲也特别爱吹奏？

伍达泽： 以前父亲扮演的是很威严的角色，所以他一吹口哨，我就觉得他心情很好，我们就可以撒撒娇，那个时候的父亲特别可爱、亲切。

主持人： 口哨在你们父子之间还能起到这样好的作用，那您现在的徒弟多不多？

伍达泽： 不多，口哨不像是我们唱歌或者是其他艺术，它相对比较小众，大家对口哨的认知，就是停留在街道上，看见的一边骑着单车，一边吹口哨的人。实际上口哨发展到现在，它完全是以一门独立的艺术形式存在的，但如果是没有面对面交流

伍达泽父亲

的情况，你是绝对不可能考虑把小孩送去学口哨的，所以我
们会去一些学校，跟学生做一些口哨知识的普及。

主持人： 它不仅仅是一种艺术修养和对乐谱的掌握，更多的还是对腔体
的训练，对身体肌肉的伸缩是很有帮助的。

伍达泽： 对，包括对自己情绪的释放，它不需要借助其他的道具去释
放。口哨本身很便宜，不用钱，非常适合做普及型的音乐教
育。现在很多小孩子，也不是说百分百能够把口哨吹响，这
个是需要训练的。

主持人： 您颠覆了我对口哨的一个简单印象。因为我觉得口哨是和大自
然对话的一个非常好的语言方式，经过了我们现代人的收集
整理和雕琢打磨之后，它又上升到一个新的状态和新的境界。

伍达泽： 会的，希望大家喜欢口哨，传承口哨，学习口哨。

主持人： 一段动人的口哨，诉说着几千年的坚守与传承，我们期待有更
多的非遗人不忘经典，让传统文化绽放出现代的光彩。

传承活化

广东口哨，集中西方文化之大成，融古朴与现代为一体，是人们可以随身携带的乐器，更是大自然赋予人类最原始的音乐潜能。虽说其历史悠远，但真正留下来的口哨音乐少之又少，尽管如此，第四代传承人伍达泽仍定心坚守，经常演绎广东口哨艺术，同时也在深圳的各大社区和学校进行口哨文化的大力推广和宣传，为学生们讲述最原始自然的音乐艺术，为现代注入传统的魅力，将历史铭刻在每个人的心中。未来希望他能继续用声音回报时光与岁月，让更多的人了解这门古老的艺术。

广东口哨

树叶吹奏

（深圳市区级非物质文化遗产）

卓忠明

树叶吹奏代表性传承人

非遗名片

原始社会狩猎时代，人类就曾用树叶在捕猎时模拟动物叫声引诱动物，后逐渐转化为以声代乐、以音伴唱的乐器。唐朝，树叶吹奏被列入宫廷乐队，并在国内不断延续，文字记载有逾3000年历史。

近现代，由于海外华侨华人在侨居地居住分散，抗日抗英斗争战火连年，队伍长期处于秘密流动中，个人资料秘而不宣，难以交流记存，加之许多将士已殉难的特殊原因，深圳市区级非物质文化遗产树叶吹奏第一代传承人华侨张老先生的个人信息有待考究完善。

第二代传承人张辉福（1917—2002），师从张老先生，马来西亚难侨；传承人林招龙（1942—2015），系印度尼西亚难侨；传承人余桂源（1939—2016），系印度尼西亚难侨。

第三代传承人卓忠明（1945—），籍贯海南万宁，马来西亚归侨，深圳信息职业技术学院副教授，中国曲协（广东）终身会员。1953年

12月，他随父亲从英殖民当局控制的巴生集中营回国，被安置于万宁兴隆华侨农庄（现万宁兴隆华侨农场），上小学时偶见同学能用树叶吹奏歌曲，便"偷师"学艺，后拜专业老师刻苦训练，10余岁时能用树叶吹奏各种音调的中外歌曲。

项目特征

树叶是简单、古老的乐器，原始社会狩猎时代，人类就曾经用树叶模拟动物叫声诱捕动物，后逐渐转化为以声代乐、以音伴唱的乐器。几千年来，树叶吹奏经久不衰，唐代吹奏树叶盛行，皇室宫廷乐队吹叶仕女雕像便是最早的佐证。树叶演奏的音乐乐声高亢悠扬兼具大自然特殊韵味，可与人声媲美。伴随中原文化演变发展，树叶吹奏更多保留在西南和中南少数民族地区，青年男女经常以树叶吹奏为媒表达爱意。要用树叶吹奏出流畅的旋律，不只要选好一片叶子，更要经过千锤百炼。吹奏时，两手分别持叶片两端或用一手食指和中指分开按住叶片于唇间，吹气使叶片振动发音，其音色明亮清脆，近于唢呐和小号，艺术特征、民间传承特征十分鲜明，具有一定的文化交流价值。

（一）艺术特征

用树叶吹奏，必须不断改变气息速度、口腔造型、振度动面，使树叶出现不同的振动频率，产生不同的音符，组合成音乐，这一切都必须在瞬间完成，一步到位，同时，还要根据乐曲需要，进行技巧发挥，如滑音、波音、颤音、吐音……不同的叶子更是能吹奏出不同的音色。

（二）民间传承特征

树叶吹奏，主要以师徒传承为主，是中华民族优秀的传统艺术，广泛分布在大江南北的民间艺术活动之中或影视音乐舞台上，它承载着我国千年的音乐、文化和艺术精华。

（三）文化交流价值

树叶吹奏的表现力极强，可模仿动物鸣叫，可使用单吐、双吐、滑音、花舌音多种技巧演奏世界各国不同风格的歌曲。其小巧灵活，容得下一个人的地方就可独自演奏，运气健身，陶冶情操。人与人、地区与地区、国与国之间进行树叶吹奏交流，可增进双方友谊，促进社会和谐进步。

精编访谈

主持人： 树叶吹奏有着 3000 多年的历史记载，一片小小的树叶如何吹

传统音乐

191

响美妙的旋律呢？老师，今天想向您请教树叶吹奏技巧，您看一般人都要学多久才会吹奏呢？

卓忠明： 这个不一而论，学得快的1分钟，慢的可能40年还没吹响，要看每个人的感觉和悟性。

主持人： 可以向我们介绍介绍它的吹奏技巧吗？

卓忠明： 技巧很精深，也很简单。打个比方，树叶上有一个发声点，如果你吹到了它的发声点，产生共鸣就响，吹不到就不响啦。

主持人： 怎么去找发声点？

卓忠明： 你看这专业的手势，它这边正好在嘴角上，下嘴唇贴着树叶，不让它走气。气要从上走，大概1—4厘米宽，就是它的发声点。让树叶先贴着嘴唇，吹响了你就成功了60%。

主持人： 难道不是您唱出来的？

卓忠明： 不是，唱不出这种声音的。

主持人： 太难了。

卓忠明： 树叶吹奏选择叶子很重要，不是所有的树叶都可以吹奏。要选择光滑平整、比较嫩且带有韧性、弹性比较好的树叶，它复原得比较快，因为树叶就像单簧片，必须要有弹性，没有弹性吹软了就恢复不了，恢复不了就没有下一句啦。最好选择偏椭圆形的树叶，比较容易吹响，不要选有毒的树叶，最好事先清洗好。树叶是大自然的乐器，它没点、没调、没音，全凭嘴皮子的感觉吹奏出来，所以选择树叶要比较严格一点儿。我10岁学吹树叶，12岁产生一个疑问，那就是既然树叶能吹，那么花瓣能不能吹呢？当时好像还没人吹过，后来从簕杜鹃花瓣到玫瑰花瓣我都吹过，逐渐发现有些花瓣也能用来吹奏。所以非物质文化遗产不仅要保护挖掘传承，还要创新发展。后来我也在花瓣创新的基础上又做了一些其他创新。

主持人： 您什么时候了解到树叶吹奏的？跟谁学的呢？

卓忠明： 我是1945年出生在马来西亚的马六甲。1953年，中国政府派船去接我们难侨回来，安置到海南岛兴隆华侨集体农庄，刚好那时也有印尼华侨被接回来了。当时我10岁，有一天放学回家的路上，正好有人在前面摘了一片树叶，吹起了《梭罗河》，因为我比较喜欢音乐，我觉得这个声音好听，这个人走以后，我也摘了一片树叶吹，吹了一个礼拜，因为喜欢就一直在练习，有一次我骑在牛背上，"呼"的一声吹响了。

主持人： 您真正去发展树叶吹奏艺术是什么时候呢？

卓忠明： 后来毕业到贵州，然后又回到湛江教书，教了6年书，改革开放以后，看到深圳招教师，我就报名了。

主持人：您当时来深圳是 20 世纪 80 年代？

卓忠明：对，1984 年，当时在报纸上面看到深圳发展起来了，很有吸引力。

主持人：当时树叶吹奏在湛江已经吹响了吗？

卓忠明：一路以来都在吹奏，但是在艺术上的飞跃是在暨南大学，因为暨南大学是华侨学校，都是侨生，学校里的东南亚舞蹈和歌曲很多，看到很多音乐表演形式，大家都在不断磨炼提升。1985 年，深圳工人文化宫有一位外商唐纳先生建了海豚乐园，里头有文艺界领导知道我会主持也会吹奏树叶，就介绍我去给他们上课，晚上或者周末到海豚乐园里头表演，当时我就壮着胆子用红背叶吹奏，很受欢迎，慢慢地就传出去，大家都知道我会树叶吹奏了。后来春节和元旦，我们经常被邀请跟各大文艺队去深圳各个社区和各大剧院表演树叶吹奏，有时候现场有三四万观众欢呼，我感觉很震撼也很兴奋，这门艺术受到了社会的重视，我就更加努力地练习了。伴随演出范围扩大，慢慢地我的演奏从深圳传往国外，影响越来越大。

主持人：您说的在国外影响很大，是您出去表演了？

卓忠明：对，我经常出去表演，很受当地人欢迎，把中国的优秀传统文化传播到五湖四海，尤其马来西亚是我的第二故乡，我不能忘记。

主持人：除了在马来西亚表演之外，您有没有在别的国家进行树叶吹奏的表演？

卓忠明：最初主要是东南亚国家，现在有韩国还有美国、英国，下一步
　　　　准备去意大利、加拿大。

主持人：您是想把树叶吹奏这门艺术向更多的地方去传播？

卓忠明：对，我们有这个责任和条件，人与人之间，社区与社区之间，
　　　　国与国之间，通过文化交流可以促进和平、促进发展。一片
　　　　树叶能产生那么大的社会效应，中国的非物质文化遗产博大
　　　　精深，它也是一个文化的循环和分享。

主持人：从这个意义上来讲，树叶吹奏起到了一个友谊载体和文化传播
　　　　的作用。

卓忠明：我的愿望就是，用祖国培养我的能力回报祖国。接下来我要写
　　　　树叶吹奏、金叶吹奏和花瓣吹奏的相关书籍，请人把它翻译
　　　　成外文，向全世界传播，为我们的祖国增上一点儿光。

卓忠明徒弟：我是 20 年前来深创业，一次偶然机会在莲花山公园遇到
　　　　卓忠明老师，被树叶吹奏的美妙旋律吸引，我就想拜卓老师
　　　　为师，学习树叶吹奏技巧。师父在树叶吹奏方面获得各种殊

195

荣并申办了非遗项目，我也要传承发扬树叶吹奏艺术，不辜负师父辛苦教授我的一片心意。

主持人：当每片树叶向你诉说着不同情愫的时候，你不禁赞叹于大自然的奇妙和人类的智慧，相信绿荫覆盖的深圳会给树叶吹奏这门传统艺术以更美的舞台和更大的空间。

传承活化

树叶吹奏，以嘹亮高亢的声音歌颂着人间的美好，以婉转动听的韵律吹奏着大自然的博大，以低沉怅然的声调述说宇宙间的低鸣哀戚。从中国再到东南亚最后又回到祖国大地，树叶吹奏于卓忠明而言，不仅是一生挚爱的艺术，更是一份童年回忆和乡土依恋。年逾古稀的卓忠明老人依然行走在非遗艺术探索的路上，60余年的坚守，他不断精进技艺，创新发明金叶吹奏、花瓣吹奏等，丰富树叶吹奏使用范围和表演形式。他着力于将吹奏技巧翻译成外文传播到全世界，希望这项宝贵的非物质文化遗产能够持续绽放于国际舞台永不凋零。1996年，卓忠明先后受邀到马来西亚、泰国等东南亚国家进行树叶吹奏表演，将该门艺术带到每一寸他踏足的地方。同时在深圳职能部门支持下招收和培训四方徒弟，让更多深圳年轻人近距离接触和喜爱这项非遗艺术，续写古老音乐传统和艺术辉煌。

树叶吹奏

松岗七星狮舞
（国家级非物质文化遗产）

文琰森
松岗七星狮舞代表性传承人

非遗名片

国家级非物质文化遗产松岗七星狮舞，源自清末民初深圳宝安松岗街道一带，距今已有百余年。松岗原住民多为文氏后代，和当地民众对南宋著名爱国将领文天祥的怀念有关。

第一代传承人焦贤（生卒年不详，约在1905—1960年之间），掌握了七星狮舞的各种套路和舞蹈动作，并熟悉伴奏鼓乐及锣、鼓、镲等各类乐器的应用，具有很好的武术功底。

第二代传承人文琰（1938—），本名文琰森，为文天祥第二十六代侄孙。1947年正式拜在焦贤门下练习七星狮舞，掌握了七星狮舞的各种套路和舞蹈动作，并熟悉伴奏鼓乐及锣、鼓、镲等各类乐器的应用。2006年，文琰成立了"山门文琰醒狮训练社"，专授七星狮舞。该社先后培训了来自广东及全国多个省份的3000多名弟子，已成为深圳及香港声望很高的狮舞门派。

第三代传承人文正儿，为第二代传承人文琰森女儿，文天祥第二十七代侄孙。自幼随父学习七星狮舞，熟悉各种套路、舞蹈动作、鼓乐和击乐技巧，2022年文正儿成为松岗七星狮舞项目市级代表性传承人。传承人文国鸿，1976年跟文琰森学七星狮舞，熟悉舞狮。传承人文永威，1976年跟文琰森学七星狮舞，熟悉舞狮。传承人张文启，1978年跟文琰森学七星狮舞，熟悉七星鼓乐和舞狮。传承人黄春芳，2000年跟文琰森学七星狮舞，熟悉舞狮头。传承人陈友海，2000年跟文琰森学七星狮舞，熟悉舞狮头。传承人曾艺恩，2005年跟文琰森学七星狮舞，熟悉舞狮头。

第四代传承人周光豪，2006年跟随第三代传承人文国鸿、文永威、张文启学习舞狮头。传承人李梓晴，2010年跟随张文启学习七星狮舞，熟悉击乐。传承人孙木伟，2012年跟随第三代传承人文正儿、张文启学习七星狮舞，熟悉舞狮。传承人孙木彬，2012年跟随文正儿学习七星狮舞，熟悉舞狮尾和击乐。传承人任冠桦，2012年跟随文正儿学习七星狮舞，熟悉舞狮头和击乐。传承人黄家俊，2017年随文正儿、张文启学习七星狮舞，熟悉舞狮。传承人夏仇锴，2017年随文正儿学习七星狮舞，熟悉舞狮。

项目特征

七星狮舞的开展，与当地民众对南宋著名爱国将领文天祥的敬仰和怀念密切相关。清末民初时，舞狮队进村，村里人往往"毒蛇拦路"——将一根木棍摆在村口，借以考验舞狮者的胆量和武艺是否高强。之后七星狮舞逐渐将此演化为"逗蛇"，"逗蛇"必须是"逗"活的眼镜蛇，由于"逗蛇"极为惊险刺激，现已成为七星狮舞中最重要的舞法，其地域特征、民俗特征、传统文化特征鲜明，具有重要的历史价值、社会价值和艺术审美价值。

（一）地域特征

松岗七星狮舞是富有岭南地域特色的民间舞蹈，其舞蹈语汇相当丰富。狮舞中的动作设计和相关道具的运用，往往与岭南沿海一带的生产、生活内容密切相关，如七星狮舞表演中的"逗蛇""逗蜈蚣""逗螃蟹""踩砂锅"等舞法都为岭南沿海地区所特有。

（二）民俗特征

岭南人习惯认为舞狮有驱邪镇妖之功，有如意吉祥之兆。在古代松岗，这里的人民就喜欢在节日庆典上，使用幕布或纸扎狮子，敲锣打鼓，翩翩起舞，庆祝丰收，表达喜悦，此后舞狮便逐渐成为松岗人喜庆和祈福的一项重大民事活动并兴盛起来。逢年过节，嫁娶生子，醒狮团都要敲锣打鼓，穿村过户舞狮助兴，已成为必不可少的风俗。表演前的"点睛、采青、拜堂"和"大头佛"带着狮子行三拜九叩礼习俗，也都有着突出的民俗特点。

（三）传统文化特征

狮子在中国传统文学作品中往往被描述、塑造为一种威猛灵巧、令人喜爱的瑞兽。七星狮舞以鼓乐雄壮、动作威猛而著称。这是松岗等地长久以来形成的一种文化现象，已被广大群众所认可。七星狮舞通过多个环节的呈现，不仅张扬了狮子的形象和个性，也使得传统文化元素渗透其中，体现了狮子与人类相通的各种情绪和性格，如表演时要求讲究"狮德"，表演中"文狮"的出场和"狮子书法"环节，构思奇特，文化意蕴十足，旧时人们对"功名"的追求在此得以很好展现。

（四）历史价值、社会价值和艺术审美价值

松岗已有上千年的历史，文天祥后人流落松岗并在此繁衍生息已有700多年，当地村民对文天祥气节的敬仰和信念的传承，除了表现在与自然灾害和敌人的顽强抗争，还在很大程度上寄情于舞狮活动。研究七星狮舞有助于对松岗历史和当地民风的研究；其产生、流传背景，狮舞表演前和表演时的各种规制、讲究、禁忌、祈愿，狮舞的各种套路和舞法，更是涉及和蕴含了难以计数的民俗知识，为当地及至南粤的民俗研究提供丰富的信息元素；它的套路设计，它特有的舞步和伴奏鼓乐，使表演具有很强的情节性、悬念感和节奏感。表演者的步法灵活多变，头、手、身躯的扭摆幅度很大（有时可达到身体极限），内容及套路多而复杂，尤其在"逗蛇"环节，表演者需较长时间以舞蹈形态与活眼镜蛇缠斗，场面既惊险又刺激，为狮舞表演所罕见；功力深厚者表演的标准"举头不露面"，舞蹈动作"标步""关公看书"高雅、优美而准确，给观者以很高的艺术享受。此外，"七星狮"的狮头、狮身、狮尾制作精巧，其花纹图案富有传统工艺美术特色和艺术美感。

精编访谈

主持人： 每逢节日庆典，松岗本地村民就会用幕布或纸扎成狮子的形状翩翩起舞，于是七星狮舞就在当地兴盛起来。老师，七星狮舞为什么叫七星呢？

文琰森： 狮子没有家（派别），只
有三星（狮）和七星（狮）
之分。

主持人： 三星和七星的区别是什么？

文琰森： 区别很大，三星（狮）是
低马步，七星（狮）是高
马步。三星的鼓点很慢，
七星则是三拍接七拍半。

主持人： 所以区别是节拍。七星狮子舞，狮子头的颜色有哪些？

文琰森： 黄色叫刘备，红色叫关公，黑色的就是张飞，白色的是关平。

主持人： 就是四种颜色，代表着四个人物。你们在舞狮子的时候，用的
哪些颜色多一点儿？

文琰森： 我们很多都是用黑色的。

主持人： 为什么？

文正儿： 因为黑色的狮子代表张飞，张飞是一个正义的历史人物，所以
我们一直坚持用黑色的狮子。

主持人： 七星狮子舞当中比较有特点的是逗蛇？

文琰森： 以前在农村其实是考验你，一个村，一条路，摆着根棍子在
那，叫毒蛇拦路，不是真的蛇，后来我觉得拿一根棍子来当
蛇没什么意思，之后我自己找了一条真蛇来逗。

主持人： 是您改的，之前是假蛇，是您改成真蛇了？

文琰森： 对。

主持人： 这太凶了，您不怕吗？

文琰森： 要用方法。

主持人： 七星狮子舞，逗蛇是其中一个环节吗？

文琰森： 是其中一个套路。

主持人： 逗过蜈蚣吗？

文琰森： 蜈蚣也有，以前逗蜈蚣、逗螃蟹都是假的，用两根木头，一根
　　　　　筷子拼出来的形状。

主持人： 您多大的时候开始学习狮舞？

文琰森： 8岁学的，在深圳松岗，那个时候日本投降，我爸爸在和庆
　　　　　社，庆祝胜利，我爸爸就请师傅来教狮舞。

主持人： 请师傅教狮舞？

文琰森： 那个师傅叫焦贤，来教七星狮的，我当时8岁，我两个哥哥在
　　　　　里面学，我就站在门口，看了差不多2个月。

主持人： 您喜欢这种狮舞？

文琰森： 是，我喜欢，但大人不让我进去，我就站着看。师傅见我每
　　　　　晚都站在门口，就等大人都走了之后把我叫过去，教我开马
　　　　　（扎马步）和一些基本功。

主持人： 学了多久？

文琰森： 差不多两年，都是基本功。

主持人： 后来您从什么时候开始去教舞狮？

文琰森： 1962 年，去香港，有个正气堂，里边有支舞狮子的队伍，很多老乡知道我学过，便叫我去教学。开始教舞狮子的时候，我压力很大，因为我基本功是有的，但那时候不是很熟，那时候我是做汽车维修的，我每天早上开工都走路去，都是一路走一路跳，训练步伐，那些邻居都笑我傻，没办法我每个晚上都要去教人嘛，你不练怎么教人？

主持人： 任何一种功夫都是要苦练的，您教了多少个徒弟？

文琰森： 很多，在正气堂有几百个徒弟。我也在农村教，像四川、广东梅州、广西、江西，都去教。

主持人： 全部加在一起，您这一生教过的徒弟有多少？

文琰森： 3000 多。

主持人： 这些徒弟分布在香港、广东各地？

文琰森： 在德国的也有。

主持人： 也就是国内国外都有您的徒弟？

文琰森： 都有。

主持人： 从 20 世纪 60 年代一直到 20 世纪 80 年代，有将近 20 年的时间，您一直在香港教狮舞？为什么有这么多人愿意学狮舞？

文琰森： 香港很多狮舞，他不懂的就喊我去教。

主持人： 明白，可能有华人的地方就会有狮舞，因为狮子是我们东方人的象征。

文琰森： 是啊，全世界都有。

主持人： 那您退休是在哪一年？

文琰森： 正式退休是 1992 年，1995 年在东莞太平教七星狮舞，1997 年以后回到松岗，每个晚上都教。

主持人： 您从小就在松岗，出去转一圈又回来了，回来之后还是教大家七星狮舞，您和狮子有缘分。对于这个项目的传承和创新，您和下一代传承人是如何打算的？

文正儿： 可能不是每一个项目都可以创新，因为传统归传统，如果传统你又创新又改变它的话，就不是传统了，如果每一个项目都去改变，那传统就没了，所以我们选择坚持保留，坚持传承传统。

主持人： 对。

文琰森： 我没有（用狮子）赚过钱，很多人商铺开张要求你和狮子守在门口，迎接嘉宾，给我一万块两万块，我都不去，很多人问我为什么不去，我说这个是国家级非遗，不可能要国家级非遗给你守门口的。

文正儿： 关于非遗商业化我想要做补充，他们通常都要求狮子色彩很鲜艳、很可爱，但是我们的传统狮，就不是这个类型的，而且他们需要很多头狮子，但是我们的传统是一个鼓一头狮子去配合，现在我们依然在坚持这个传统。

主持人： 因为狮子在你们的心目当中，是有个性和尊严的。

文琰森： 对。

主持人： 松岗七星狮舞不仅承载着一段历史，更承载着松岗民俗活动的绵长记忆。80 多岁的文老执着而又孤独地守护着他所热爱的七星狮子舞。他固守着传统也固守着尊严。七星狮舞源自松岗，但属于所有热爱非物质文化遗产的人们。

传承活化

松岗七星狮舞,不仅承载着松岗人历年来民俗活动的绵长记忆,更蕴含着松岗人作为文天祥后代不屈不挠、坚持不懈的高尚气节。随着时代变迁,传统七星狮舞的发展一度陷入困境,但文琰森父女两人

依然选择坚守传统,也坚守着七星狮舞的尊严,他们之间的相互信任和传承更赋予了七星狮舞另一种生命力,这样的精神在现代社会显得尤为珍贵。坚守传统的道路或许很艰难,但也正因为文琰森与其女儿的坚持,才使得七星狮舞最核心的精气神和精湛技艺得以保留。希望未来有更多的人参与到七星狮舞的传承和发扬当中去,让这份热爱和中国的传统文化一并得以延续。

松岗七星狮舞

古琴艺术（岭南派·深圳）

（深圳市市级非物质文化遗产）

谢梦媞

古琴艺术（岭南派·深圳）代表性传承人

非遗名片

古琴艺术源于南宋末年的中原琴学，宋室南迁至冈州崖山（今广东新会），带来中原琴学，后被刊印成《古冈遗谱》。后历经明清两代发展，与岭南区域文化相互交融并孕育出岭南琴派。自清代起，岭南琴派便在广东一带流传，距今已有逾百年历史。

古琴艺术（岭南派）创始人系何琴斋。

第二代传承人黄景星，师承何琴斋。

第三代传承人董百庆，系师传。

第四代传承人何幼敏，系师传。

第五代传承人郑夫人。

第六代传承人郑健侯，郑夫人之孙，系家传。

第七代传承人杨新伦，系师传。

（以上传承人均生卒年不详）

第八代传承人谢导秀（1940—2019），国家级非物质文化遗产项目"古琴艺术（岭南派）"代表性传承人。

第九代传承人谢东笑（1972—），广东梅州人，师从谢导秀，广东省省级非物质文化遗产项目"古琴艺术（岭南派）"代表性传承人。广东古琴研究会会长，广东省社会主义学院、闽南师范大学文学院客座教授，广州修竹琴舍创办人。

第十代传承人谢梦媞（1985—），广东梅州人，师从谢东笑。深圳市市级非物质文化遗产项目"古琴艺术（岭南派·深圳）"传承人，中国民族管弦乐学会古琴专业理事，广东古琴研究会理事，深圳大学《岭南古琴艺术与实践》公选课讲师，深圳市南山区桐音古琴社负责人。

项目特征

古琴艺术（岭南派）历经十代人的传承，受儒道两家思想的影响，琴风清淡秀丽，形成跌宕起伏、虚实相映的演奏风格，与其他流派截然不同，给人同名异曲之感，呈现鲜明的艺术特征和地域特征，有较高的历史文化价值和艺术价值。

（一）艺术特征和地域特征

《渔樵问答》《碧涧流泉》等曲的演奏风格，充分体现了岭南琴派古朴、刚健、爽朗、明快的特点。其琴风清淡秀丽，演奏跌宕起伏、虚实相映，带有广东地方特色。

（二）历史文化价值和艺术价值

岭南琴派，不仅是岭南地域更是中华民族人文历史和文化多样化的见证，也是岭南地区割舍不断的同根同源纽带，其一弦多音，音域宽广，演奏手法复杂多样，表现力极其丰富，构筑出传统文人抒情达意、陶冶情操、净化心灵的殿堂，具有较高艺术价值。

精编访谈

主持人： 琴棋书画，可以说是中国古人引以为傲的四项技能，而琴居其首，3000多年的弹拨吟唱，古琴在广袤的中华大地上，形成了不同的流派传承，而岭南古琴便是其中著名的一支，咱们的项目为什么叫"古琴艺术（岭南派·深圳）"？

谢梦媞： 古琴分很多流派，以前要么是以地域划分，要么是以师承划分，所以形成了不同的流派，广东这边就有一个岭南派。

主持人： 和其他流派相比，岭南古琴有哪些特点？

谢梦媞：不同的流派是根据当地的风土人情、人文风貌，以及当地人的审美标准，而形成不同的演奏风格。岭南派有个经典曲目叫《碧涧流泉》，它所表述的是山泉之水，细水长流，它的演奏风格就是刚健、爽朗、明快，会更加灵动一些。相传伏羲、神农、舜，按天地、阴阳、五行之说，削桐为琴，绳丝为弦，希望将天地间的正气、大自然的和谐融入琴音之中。

主持人：它的弹奏方法有哪些？

谢梦媞：琴有三种音色，分别是泛音、散音、按音，分别代表着天、地、人，比方说这个散音，既是空弦音，又因为它声音庄严浑厚，所以也叫地音；另外是人音，也就是按音，人音像我们人在说话一样，它可以通过这个吟猱绰注，来控制轻重缓急。

主持人：像人在诉说心事，表现得更细腻。

谢梦媞：对，它有感情色彩在里头，所以它也叫作人音。最后一个是泛音，空灵飘逸。

主持人：听您讲完之后，我觉得琴不只是一张琴，而是天地、人文，都在琴上有所呈现。

谢梦媞：对。

主持人：您20多岁才开始学琴，在那之前从事什么职业？

谢梦媞：我之前是古典舞专业的，12岁考到了广东舞蹈学校，就是现在的戏剧舞蹈职业学院，在一次训练中腰部受伤，也是这件事让自己意识到舞蹈生命的短暂，在家人的鼓励下先停止了舞蹈。这也让自小习舞的我茫然

209

起来，不知能做什么，直到有一天我又回到了广州，住在我叔叔家里（星海音乐学院的宿舍楼），房间里就有一张琴和茶桌，我就问叔叔这是什么，他说是古琴，我就去拨了几遍，觉得很舒服，那声音有一种安抚的作用，然后我就尝试学一学，幸运的是，我学起来特别快。

主持人： 感觉您前面的所有的工作，都是为弹古琴做准备的。是什么让您下定决心，将来一生都从事这份事业？

谢梦媞： 起先，我的师父说我可以去教琴了，我现在的理解，应该是他希望我真正跟琴融在一起，因为之前只是移情，一个精神寄托。最近几年，我发现学琴的人普遍已经年轻化了，我觉得这是一个非常好的发展趋势，未来我想做的事情是让古琴进到校园当中，我们根据《诗经》编了一些弦歌的弹唱，比方说《关雎》，希望能够把它带入到校园当中，让更多的孩子去接触传统文化。今年琴社主要是在做公益课，因为有很多同学向我反映说，找不到老师，或者是现在有很多地方都在教琴，但不知道哪个才是对的，所以我就打算开公益课，八节

课为一期，这八节课我可以把你们领进门，让你们先了解古
琴，看你们能否坚持下去，或者是否喜欢。

主持人：岭南古琴古朴刚健、爽朗明快，却营造了清幽淡远的意境，传
承人谢梦媞因伤憾别舞坛，却有幸结识了岭南古琴，少年时
的艺术积淀，让她能够对传统的琴曲，有着别样的体悟，琴
音渺渺，恬淡安宁，我们期待着忙碌、快节奏的都市人，都
能够分享到岭南古琴的这份美。

传承活化

　　出生在文艺世家的谢梦媞，耳濡目染地接受着中华传统文化的熏
陶，在她心中播下了一颗热爱音乐的种子，即使在人生的转折点憾别舞
台，她也能够以非凡的悟性参透岭南古琴，而岭南古琴也在她最困顿、
失意之时抚慰了她。在深圳，她看到爱好古琴的人越来越多，且呈年轻
化态势，于是，她决定开班授艺。自 2005 年以来，谢梦媞坚持定期开
设公益课，如今公益课已举行 1300 期，1 万多名古琴爱好者完成琴学

入门课程，感受到中华文化之美。此外，在市、区各级主管部门的关心和支持下，谢梦媞积极配合政府组织的"非遗进校园、非遗进社区、非遗进企业"活动，分别在深圳育才二小、深大外国语中学等学校开设古琴的"四点半课堂"，与深圳大学、深圳博物馆、深圳书城、深圳广电集团等机构合作开展直播课、讲座、音乐会等活动。她不仅圆了自己的梦想，还挥撒下传播古琴文化的种子，期待未来的南粤大地，遍地都是中国传统文化之奇葩。

古琴艺术（岭南派·深圳）

九嶷派古琴艺术

（深圳市区级非物质文化遗产）

陈碧勇

九嶷派古琴艺术代表性传承人

非遗名片

　　九嶷派古琴艺术源于北京，距今已有百余年，其得名取自创始人杨宗稷的自号"九嶷山人"。古琴的历史可追溯到尧舜时代，有 3000 余年。历代琴人在长期的艺术创造活动中，逐渐形成具有相同理念、相似风格和共同渊源的琴人群体。

　　杨宗稷（1863—1933），早年好琴，1901 年到北京定居后继续研习，融会贯通自成独特风格，创立九嶷琴社，九嶷派古琴艺术由此诞生于北京，并在历史发展中有序传承。

　　第二代传承人管平湖（1897—1967），在其努力下，九嶷派古琴艺术被发扬光大，其琴曲《流水》作为唯一的中国音乐代表入选"地球之音"唱片，1977 年乘美国"旅行者"号探测器到太空中寻找地外文明，至今仍在太空遨游。

　　第三代传承人王迪（1923—2005），编辑出版管平湖老师的众多古

琴曲集和《中国音乐大全·古琴卷》等著作，为九嶷派古琴艺术乃至整个中国传统音乐艺术留下了珍贵琴学以及录音资料。

第四代传承人杨青（1951—），现居住在北京市朝阳区，多年来不遗余力地传播并发展九嶷派古琴艺术，在2015年成功申报为非物质文化遗产九嶷派古琴艺术北京市市级代表性传承人。

第五代传承人陈碧勇（1974—），青年古琴演奏家，广东河源人，现居深圳市宝安区，2001年以来一直研习古琴艺术，于2014年初拜杨青先生为师，研习九嶷派古琴艺术，承得九嶷派精髓，一脉相传。2015年在深圳市成立九嶷琴社和深圳市九嶷古琴学会，5年里培养了上千名优秀的古琴爱好者，整理《碣石调·幽兰》《神奇秘谱》等传世琴谱159部，《流水》《广陵散》等琴曲4227首，指法大全15627个，古琴资料2727条，曲意、歌词2143条，指法视频和古琴百科79个，并制定了2019—2023年的保护计划。

九嶷派古琴艺术，自创制之初，历代均有闻名于世的作品，如今延续至第五代传承人陈碧勇，其传承脉络清晰，开创了独特易学的记谱法，具有明确的琴学宗旨，鲜明的琴曲演奏风格（苍劲坚实，雄健潇洒，讲究吟猱），与其他琴派有着明显区别，在艺术历史、文化等方面有着特殊的价值。

（一）有明确的琴学琴艺宗旨

九嶷派创始人杨宗稷在其巨著《琴学丛书》中明确提出琴学琴艺的主流、正途不应"专属岩栖谷隐，高人羽客一流"，肯定现实中充满艺术性、具有丰富的历史文化内容和鲜明思想感情的古琴音乐，明确反对将古琴神秘化，使琴学琴艺不脱离群众并能为民众服务，提高人们的文化修养，促进文化交流与发展，发挥古琴艺术的社会价值，这是九嶷派明确的琴学琴艺法则的体现。

（二）开创了独特易学的记谱方法

九嶷派代表著作《琴学丛书》所录之琴曲，包括九嶷派创始人杨宗稷自制之琴曲，皆以杨氏自创之谱式刊印，首创"四行谱式"：记录音高的工尺谱行、记录节奏的记板行、弹奏的弦序行、减字谱行的四行谱，为后人进行此类重要文献的发掘做出了重大的启迪与准备。

（三）独特鲜明的琴曲艺术风格

九嶷派主张"盖无音节非乐，无吟猱非琴"并采用独特的记谱方法，吟猱指法转数详细分辨标明；所贵尤在定板别吟。九嶷派在琴曲的一些指法处理上与众不同，比如九嶷派的"猱"是左手在原音位得音后向岳山方向先上后回到原音位，上虚下实，这造就了九嶷派独特鲜明的琴曲风格：运指苍劲坚实，注意板眼，极富韵律感，讲究吟猱节奏。

（四）有里程碑式的琴学大家及其鸿篇巨制

九嶷派创始人杨宗稷，被称为"民国古琴第一人"，是当时公认的琴学宗师，琴艺精湛，对古琴深有研究，著作颇丰。其弟子管平湖是一位在现代古琴界以至整个中国音乐界有重大影响的古琴大师，首先发掘并实际弹奏出古谱《广陵散》《碣石调·幽兰》《离骚》等著名古琴大曲并得到琴界一致认可，著有《古指法考》等著作。1977年8月，美国发射的"旅行者"号探测器上，放置了一张可以循环播放的镀金唱片，从全球选出人类代表性艺术，收录了著名古琴大师管平湖演奏的7分钟的琴曲《流水》用以代表中国音乐。管平湖的嫡传弟子王迪参加编著《古琴曲集》《历代琴人传》《琴曲集成》《古指法考》，以及《音乐百科词典》琴人、琴曲、琴歌部分，并编辑出版《管平湖古琴曲集》和《中国音乐大全·古琴卷》（内收20世纪50年代我国九大琴派著名演奏家

的珍贵录音资料，成为现今琴人们人手一套的"老八张"）和《弦歌雅韵》（琴歌谱总集），为九嶷派古琴艺术以至整个中国传统音乐艺术留下了珍贵的琴学以及录音资料。

（五）传承脉络清晰

由清末创始人杨宗稷至今天的第五代传承人陈碧勇，其传承脉络均有清晰明确的事实、历史照片为依据，演奏手法、琴曲风格一脉相承。

（六）历史文化价值

古琴艺术是活的艺术，从创制之初，历代均有优秀的新作品或对原曲的再创作问世。传承有序，流派纷呈。因此，2003年古琴被联合国教科文组织列入"人类口头与非物质遗产代表作"名录。它集中体现了中国音乐体系的基本特征，构成了汉民族音乐审美的核心。古琴的艺术哲学，早在2000多年前的汉代就被尊称为"琴道"。"道"的本义是道路、坦途，哲学上的"道"是通向真理最高境界的道路，是哲人们孜孜以求的用以说明世界本原、本体、规律的思想原理。此外，中国自古重文治，以"礼乐之邦"著称。而琴乐所追求的和谐，恰恰象征了文治的昌明，也体现着历代中国人修身、齐家、治国、平天下的最高理想。同时，古琴自古以来被认为是体现中国文人所雅备的素质情趣。在古代"琴棋书画"的文人四艺中，以琴为首，"琴道"者，反映的是以"和"为宗旨的人生修养。它是建立在文人文化传统上并深刻反映了文人的文化观念、哲学观念的传统艺术。

精编访谈

主持人：我们知道琴棋书画可以说是古代文人雅士引以为傲的四项技

能，而传承了几千年的古
琴艺术，到底有着怎样的
前世今生呢？

陈碧勇：首先我觉得古琴最吸引人
的地方，是它能够代表东
方传统文化中的典雅之
美，里面有天、地、龙、
凤，天是圆的，地是方的，我们称之为"天圆地方"。古琴也
分阴、阳，是由木板复合在一起的，一床琴的面板材料多是
杉木或桐木，底板材料多是梓木，胶合到一起，形成了阴阳。

主持人：那龙凤在哪里呢？

陈碧勇：琴的尾部叫龙龈，就像是龙的牙齿，琴的顶部叫凤舌，还有两
个纳音孔，分别是"龙池"和"凤沼"，有着"龙凤呈祥"之
寓意。我们中华民族的先贤喜欢把美好的事物都附加到一床
琴的身上。

主持人：这真有意思。

陈碧勇：又比如古琴的琴弦，相传最初是"舜造五弦琴"，后来文王加
一根弦，武王加一根弦，所以又称"文武七弦琴"。

主持人：东方文化离不开古琴，它是一个重要的元素。之前的几代传承
人一直在北方，所以您在深圳有什么样的打算呢？

陈碧勇：让古琴在我们深圳这片美
丽的土地上生根发芽，让
老百姓都能认识到我们传
统文化中的古琴之美，这
是我最大的愿望。所以我
们做了很多的工作。首

先，我们要进校园，让我们的下一代能接触到古琴的美，目前我们进了宝安的几所学校，进行古琴文化的传播与展演。进社区是今年准备要做的，因为我们去年做了"琴颂山河"的艺术巡演，进了宝安区的 10 个街道，大家都很感兴趣，他们觉得我们应该再进到基层、社区里。2015 年，我们成立了深圳市九嶷古琴学会，这是一个学术性的组织，现在大概有 200 个会员，我们经常在这个空间里面研讨九嶷派的传承历史和以后发展方向等问题。其次，我们有个宝安区古琴学会，这是个行业组织，我们准备在宝安各个街道都成立一个分会，然后把每个街道里的古琴爱好者都聚集到一起，让大家都能参与到古琴文化当中来，因为古琴的演奏者，包括古琴的老师都很多，但是唯独古琴的文化产业比较少，深圳是一个年轻的城市，我们打算通过它向全国、全世界传播古琴。我们准备通过几个步骤去做，第一，我们会举办传统的古琴音乐会；第二，我们今年会举行湾区古琴文化展，把全国乃至全

世界的专家，请到我们美丽的深圳，聚集到一起，讨论一下我们未来的方向；第三，我们做古琴的文化产业园，让深圳、广东乃至全国、全世界的人都认识到深圳竟然有一帮人，以古琴文化为乐，去传播它。我们打算沿着中国传统文化的复兴之路，成立古琴博物馆，把我们的古琴，通过数字化手段呈现在大众面前，里边有古琴的九大门派，有古琴的专业音乐厅，有古琴的来龙去脉、前世今生和制作流程，这样可以让一个普通老百姓，即使他没见过古琴，到这里参观一个小时，也可以感受到老祖宗的伟大，甚至愿意让小孩也到这里边来看一下，这样我们就成功了。

主持人： 这个太重要了，我觉得这是一个很重要的设计和工程，如果真的能够实行，古琴文化在我们深圳乃至全中国都会绽放它的光彩。古琴高贵典雅，音韵悠扬，它不仅是中国古老器乐的精华，更是文人雅士寄情养性的生活追求。

传承活化

　　泱泱我华夏，巍巍礼乐邦。历代琴人用指尖与丝弦的灵动，为世人描绘千年的历史，为下一代讲述五音的故事。在现代经济快速发展的浪潮中，这门高雅的艺术逐渐被束之高阁，九嶷派古琴艺术在宝安区经过五年的传播，也只有 1000 余名学生。为此，2015 年，第五代传承人陈碧勇在深圳市成立九嶷琴社和深圳市九嶷古琴学会，持续开展古琴教学及公益文化活动，培养上千名优秀的古琴爱好者，并致力于传世琴谱的整理，在古琴的古籍善本（曲集）的整理、近现代琴人的资料编撰汇编方面做出了突出的成绩，对深圳乃至全国古琴艺术的普及传播起到了重要的作用。期待未来的古琴，能在千变万化的时代里，再奏响春秋旋律的乐章。

九嶷派古琴艺术

水田舞麒麟

（深圳市市级非物质文化遗产）

邓国威

水田舞麒麟代表性传承人

非遗名片

水田舞麒麟起源于广东省深圳市宝安区石岩街道水田社区，其先祖郑、邓、林、刘四姓由福建迁徙至水田村，通过习武来防身自卫和壮大族群，先后经历七代，距今约有170多年历史。

第一代传承人郑集洪（1852—卒年不详），系家族传承。

第二代传承人林围春（1890—卒年不详），系师徒传承。

第三代传承人林长妹（1895—卒年不详），系师徒传承。

第四代传承人刘荣康（1910—卒年不详），系师徒传承。

第五代传承人刘官凤（1916—卒年不详），系师徒传承；传承人刘官宝（1913—1945），于抗日战争期间牺牲。

第六代传承人林炳仁（1920—卒年不详）、邓耀明（1932—卒年不详）、刘石浓（1941—卒年不详）、刘元英（1947—卒年不详）、郑玉光（1948—卒年不详），系师徒传承。

第七代传承人邓国威（1980—），深圳水田村人，系师徒传承，熟悉全部套路，艺龄28年。近年来，发展舞麒麟队员20多人，每年开展同宗同源深港客家麒麟舞交流及进校园、进社区传承推广活动30多场，足迹遍布深莞惠等地，传承事迹多次被省市区媒体报道，影响范围扩展至东南亚华人区客家族群。另外，刘济平、林小平、刘伟雄、刘少荣、刘燕强、刘少龙、邓文新、林家龙、廖志聪、林伟深、邓东华、邓忠明、刘剑科、高家伟、黄加浩、郑俊斌、林丁财、廖伟强、姚伟健均为第七代传承人。

项目特征

水田舞麒麟历经上百年时间的传承，已然由防身自卫技法演变成一项民俗活动，其基本套路分为麒麟舞表演和麒麟武术表演。麒麟舞又分为上、中、下三套；麒麟武术又分为徒手搏斗和器械交锋，全场表演约60分钟，呈现出独特的石岩特色、大无畏的革命精神、浓厚的民俗特征、传统的武术特征，具有不可估量的社会价值。

（一）村民自创的石岩特色

麒麟的制作、开光、参拜、出场等仪式，风格独特，多为村民自创；麒麟舞和麒麟武术表演套路丰富，共计41项，包括乌鸦晒翅、三垂头、鹧鸪脚、长棍等，多为村民自创；6种打击乐谱富含地方民俗特色，也多为村民自创。

（二）大无畏的革命精神

在民族存亡之际，众多队员奋勇当先抗日救国，传承人刘官宝甚至献出了宝贵的生命，邓耀明等队员走上革命的道路，成为东江纵队的一员，这种大无畏的革命精神承传至今。

（三）浓厚的民俗特征

麒麟头色彩艳丽，客家民俗事象丰富，吉祥象征分明，演出前祭祖师训，崇尚礼义谦让，为客家人精神信仰和价值取向。麒麟颈部的黑色布条写有"风调雨顺"四字，在我国农耕时代，麒麟舞是求天赐

雨以冀丰收的祭天仪式，每逢节日或重大庆典时，客家人必请麒麟舞助兴祈祥。

（四）传统的武术特征

麒麟舞有伏、卧、弯、腾、跃、跳等动作，步伐规范，舞姿灵活，类似于传统武术的基本套路。麒麟武术表演也讲究武德，麒麟武术套路与传统武术也基本相通。

（五）红色革命价值

有据可查，在抗日战争时期，石岩人民在掩护阳台山抗日根据地一事上发挥了重要的作用。在民族存亡之际，水田麒麟队众多队员奋勇当先抗日救国，传承人刘官宝甚至献出了宝贵的生命。此后，邓耀明等麒麟队队员走上革命的道路，成为东江纵队的一员。

（六）民间艺术价值

麒麟头的样式、花纹图案富有传统工艺美术特色；麒麟舞将舞蹈、武术、杂技熔于一炉，伏、卧、弯、腾、跃、跳等动作，刚柔并举，快慢交替，客家人用自己的聪明智慧和粗犷矫健的身体，将神话中的吉祥动物演绎为民间舞蹈，足以体现它的民间艺术价值。

（七）历史文化价值

客家麒麟舞是深圳历史悠久的传统民俗，始于明朝嘉靖年间，至今已有 400 余年历史。"百姓愁，麒麟走；天下和，麒麟舞"，在宝安很早就有"麒麟献瑞"的传说，麒麟被客家人视为精神图腾，象征着祥瑞太平、风调雨顺、国泰民安。

精编访谈

主持人： 在很多人的印象当中，麒麟舞极具传统的韵味，逢年过节的时候，它穿梭于大街小巷和家家户户的祠堂之中。宝安的石岩素有"麒麟之乡"的美誉，而宝安石岩的舞麒麟，到底有着怎样的特色？舞麒麟在水田有多少年历史了？

邓国威： 在水田约有 170 多年历史了。

主持人： 这算起来可以追溯到清朝时期，为什么这么早就有舞麒麟？

邓国威： 水田有郑、刘、林、邓几个姓氏，都是客家人，从广东梅州、福建慢慢迁移到深圳这边，把舞麒麟的招式、套路一起带来了，因为麒麟是我们客家的吉祥物。

主持人： 所以你们客家人到哪里，就把麒麟文化带到那去。

邓国威： 对，一起带过去。

主持人： 那咱们水田的舞麒麟，有哪些不一样的地方呢？

邓国威： 我们的舞麒麟，动作、幅度都比较大，麒麟比较威猛，力气大一点儿。

主持人： 您也是从小就学习舞麒麟吗？

邓国威： 我12岁就跟老师傅一起练，以前我们家里每个男丁，都要学传统舞麒麟，一直学到现在，要一直传承下去。

主持人： 像您这个年龄段的，咱们水田学舞麒麟的多不多？

邓国威： 多，现在在队的都有20来个，都是跟着学舞麒麟，可以锻炼身体。

主持人： 您是第几代传承人？

邓国威： 第七代。

主持人： 前面是您的那个老师傅？

邓国威： 我前面的老师傅叫林炳仁，他是第六代，再上一代叫刘官凤，是民国的时候了。

主持人： 明白了，咱们这个谱系是非常清晰的。

邓国威： 是，我们一般有什么喜事，都离不开舞麒麟。

主持人： 那您现在有培养传承人吗？

邓国威： 有培养，我们进校园，推广给小孩。

主持人： 去过哪些学校？

邓国威： 去过深圳上屋小学、塘头小学、水田小学，让他们都感受一下这个麒麟文化。

主持人： 这个方式可以更好地去传承和传播。

邓国威： 水田麒麟队舞麒麟的特点，就是乌鸦展翅，也就是用嘴巴咬起来（支撑）整个麒麟头的力量，双手展开，像小鸟一样去寻找猎物，去找青，采青动作干净利落。水田的武术有个特点，就是鹧鸪脚，用脚尖走动，这个很费劲的，是我们祖辈传下来的，另外一个是打长棍，用大概 4 米长、40 斤重的长棍，用手腕力量把它撬起并晃动。

主持人： 石岩客家舞麒麟，是深圳地域历史最悠久的传统民俗，在石岩世代相传，它传递出祖先文化遗产的同时，更将革命先辈的忠孝仁义远播四方。

传承活化

天下和，麒麟舞。水田舞麒麟，不仅是石岩客家人祖辈南迁至深圳艰难谋生岁月的记忆载体，更是客家人不屈不挠、团结一致的精神体现。近年来，在队长邓国威的带领下，水田已发展舞麒麟队员 20 多人，每年开展同宗同源深港客家麒麟舞交流及进校园、进社区传承推广活动 30 多场，足迹遍布深莞惠等地，传承事迹多次被省市区媒体报道，影响范围扩展至东南亚华人区客家族群。对于他们而言，坚定执着地守护着祖辈流传下来的舞麒麟文化，便是守护着自己的根，相信未来在麒麟之乡石岩，一定能续写传奇。

水田舞麒麟

佾舞
(深圳市区级非物质文化遗产)

游锦亮
佾舞代表性传承人

非遗名片

　　佾（yì）舞是中华文明遗珠，夏商时代，佾舞大典文化已经形成，至周代佾舞成国家礼制的重要部分，佾舞被载入了国家历朝历代的通典制度，用于宗庙祭祀、礼仪朝会、宴享国宾、国家军事大典和乡射礼活动等（见《论语·八佾篇》）。至今已有3000多年历史，是古老的人类文化和艺术形式之一。

　　佾舞传承至今，为大众所认知，还因祭祀万世师表孔子。自孔子逝世后，鲁哀公释奠孔子，祭祀万世师表的祭孔佾舞后来被传承下来。祭孔佾舞的释奠礼曾分布于中国各地和汉文化圈国家。

　　古老佾舞在新文化运动后几乎终止，唯独湖南浏阳文庙延续旧礼制依然在祭祀万世师表，清同治十二年（1873）《浏阳县志》记载："惟先师庙、文昌庙其佾六，每佾六人，凡三十六人，舞文舞焉，始终皆不设武舞。"1936年浏阳文庙祭孔佾舞升格为八佾，中华人民共和国成立后浏阳文庙祭孔正式停止，其后半个世纪佾舞无人研究，濒临断层。

第一代传承人邱之稑（1781—卒年不详），湖南省长沙市人。

第二代传承人邱庆善，湖南省长沙市人；传承人邱庆浩，湖南省长沙市人；传承人邱庆籥，湖南省长沙市人。（以上传承人均生卒年不详）

第三代传承人陶镇奇（1887—卒年不详），湖南省长沙市人。

第四代传承人邱逸儒（1905—卒年不详），湖南省长沙市人。

第五代传承人邱少求（1931—），湖南省长沙市浏阳市人，迄今唯一存世"佾生"（即佾舞表演者）。

第六代传承人游锦亮（1965—），湖南省长沙市人。2011年游锦亮于家族宗谱发现佾舞资料后致力于佾舞抢救保护，2014年游锦亮于浏阳文庙拜佾舞活态传承人邱少求老人为师，得其亲授。后求学于清华大学、北京大学、北京舞蹈学院、中国艺术研究院等，往返于北京、山东曲阜、中国台湾等地与韩国、日本等国调研，2015年成立"深圳游锦亮佾舞研究工作室"。2016 年在深圳职业技术学院设立"佾舞传承班",开展佾舞教学,历经 4 年,拥有佾舞学员 5000 多名。

佾舞,集乐、舞、诗、礼于一体,是传承至今古老的原始舞蹈,也是中国礼乐文化中最为重要的部分。佾,即礼乐舞蹈队列;佾生,即佾舞表演者;佾舞,即佾生手持龠翟(yuè dí)、干戚道具起舞。古礼佾舞千百年来曾分布于中国多地和汉文化圈国家,用于盛事大典、家国祭祀和文庙祭孔等。20 世纪因无人潜心研究、缺乏认知而近乎断层,几成华夏遗珠。

(一)艺术特征

周公是中国礼乐文化集大成者,周代形成佾舞文化规制,其观念、实践在中国传承延续几千年。"佾"为古代中国乐舞队列,古代礼制中

通常8人为一队列。《周易·渐卦》记载："上九，鸿渐于陆，其羽可用为仪，吉。"《周礼·春官》记载："杂五采羽毛如凤皇色，持以舞。"

佾的礼乐规制有二佾、四佾、六佾、八佾，佾舞以其规模和形制分为八佾、六佾、四佾、二佾。八佾即8人8行64人的队列舞蹈；六佾即8人6行48人的队列舞蹈，以此类推。佾舞表演者称"佾生"。佾舞包括文舞、武舞。文舞又名"翟龠舞"，武舞又名"干戚舞"。翟龠舞共有"交十躬身""跷足垂手"等13个基本动作；干戚舞共有"正干平戚""翻腕衡戚"等10个基本动作。佾舞共三章，每章四言八句，每一个舞蹈动作都是东方礼仪表现出来的身体语言。佾舞用足够的恭敬心、仪式感，最终实现"观乎人文，以化成天下"的价值，是当之无愧的华夏礼乐文明符号。

（二）民间传承特征

明代的祭祀孔文化，佾生须在府州县儒学生员内选拔，或于民间俊秀子弟内选用。清代的祭祀孔文化，佾生由州县在儒童中挑选学业上等，身材、相貌俊秀者担任，颁发正式"佾生证"。"佾生证"由知府一级的正堂亲自签发，"佾生证"上不但注明佾生本人姓名、籍贯及相貌特征，还要注明祖宗三代，包括曾祖父、祖父和父亲的姓名。各州县制定了佾生相应的待遇和严格的考核奖惩制度，凡有违反制度的行为，轻则予以惩罚，重则除名。佾生手持"龠翟干戚"道具，展示礼乐的队列舞蹈形式，包括文舞和武舞。佾舞集乐、舞、诗、礼为一体，依据文献可追本溯源于中国六代大舞：《云门》《大章》《大韶》《大夏》《大濩》《大武》，包括文舞和武舞，文舞舞者左手持道具龠，龠代表地，右手执道具翟，翟代表天；武舞舞者左手持道具干，干代表地，右手执道具戚，戚代表天，以昭示天地人和。佾舞从远古的大巫（大舞）文化，发展到上古的庙堂祭祀、宫廷雅乐文化，至中国商周时代，经历了从"质"的朴实到"文"的华章，最终发展成为华夏礼乐文明。目前，佾舞活态传承源于"祭孔佾舞"（或称孔庙雅乐、释奠礼乐）脉络，祭孔佾舞成为正宗、纯正的中国雅乐文化，确定和形成于中国北魏时期。

（三）文化艺术价值

佾舞是迄今为止最古老的人类艺术形式，具有中国乃至人类艺术本源地位。几千年来，佾舞丰富、发展、承传、进步，以至于后世人类艺术分门别类的细分体系均可追本溯源到佾舞。因此，对佾舞的保护、发掘、整理，对于探寻人类的艺术起源，探讨人类艺术的昨天、今天和明天具有十分重要的研究价值，对于研究中国舞蹈史、中国戏曲、中国古典舞、中国民间舞等更是具有深刻的艺术价值。"观乎人文，以化成天下"，佾舞作为大典文化起源于夏商周时期，作为国家礼乐制度下的大典文化和雅乐文化，见证华夏文化进程，其文化集乐、舞、诗、礼于一体，包涵丰富的礼仪动作和文化语汇，乐动于内，礼形于外，极大地体

传统音乐

现了东方文化特征。佾舞在中国几千年的传承过程中不断惠及汉文化圈国家和其他民族，是人类共同的文化遗产。

精编访谈

主持人： 提起佾舞，大家可能不是很熟悉，但它是流传了千年的古老舞种之一，礼乐教化、修身养性，这是佾舞带给我们最古老的礼乐文明。请游老师为我们简单介绍一下。

游锦亮： 文舞的道具叫龠翟，左手执龠，右手执翟。龠，一般由竹子或芦苇制作而成，代表地；翟代表天，翟的龙头上面有一个孔，要插三根野鸡尾部的翎子，翟、龠、人代表天、地、人的意思。学佾舞就是学它的形体精要，当你拿着龠、翟的时候，整个身体就正了。如果你的龠、翟是歪的，那么这个舞蹈就毁掉了。所以在整个过程当中，要保证龠、翟横平竖直，人的精气神也随之挺拔起来，你的君子的整体形象就全部出来了。

主持人： 很了不起的道具，它让人恢复到最初应该有的气质和样子。

游锦亮： 追溯历史的渊源，佾舞是一种祈福的舞蹈，在当时是用人类自己的身体语言，去跟天地沟通。发展到夏朝、商朝时期，它已经开始作为一种文化在推动，到西周达到巅峰，即制礼作乐，它进入一个规制，分有二佾、四佾、六佾、八佾，相当于形成了多人的队列。这个规制中，八八六十四个舞者，是最大的规制，是所谓的天子之礼。也就是说，佾舞从开始的祈福舞蹈，到西周演变成一种国家的规制，即所有动作都代表着礼仪，表达对天地的恭敬之心。到了春秋战国时期，礼崩乐坏。孔子逝世以后，汉代开始尊儒，有祭孔活动，不管是国祭还是家祭，都是用礼乐去祭祀，以至于春秋战国之后，孔子成为礼乐的集大成者，佾舞也一直被用于祭孔。

主持人： 佾舞到后来就演变成一种象征了。与其说是祭孔，不如说是对中国传统文化的一种尊重。那您什么时候来的深圳？

游锦亮： 1994年，我开始在深圳的一个金融机构里工作，做了很长时间，就是现在市委对面的中信大厦，2009年决定辞职，因为我发现跟数字打交道并没有找到属于自己真正的人生方向。之后开始踏上了寻根问祖之路，没想到在这个过程中，我看到了我们家祖上有佾生跳佾舞，于是就去追根溯源。当时孔垂长（孔子第79代嫡孙）打算在深圳恢复春祭，即恢复佾舞，想要找一些人参与编排。我寻思着去山东就只是为了找资料，然后就沿着当时的祭孔足迹（佾生们的足迹），了解它究竟是怎样一个流程。

主持人： 您找到了？

游锦亮： 我特别幸运，我到了孔府金丝堂，它是不对外开放的，是当时的佾生们穿衣戴冠排练的地方，我就在里面试着拿龠翟跳了一下舞蹈，我有一种穿越的感觉，因为磁场是对的，我想我前辈子肯定是佾生。

主持人： 您在那还有做其他的考察吗？

游锦亮： 有，2014年左右，我不断地往返山东，见人就问有没有佾舞传承人，我猜想一定还有人会佾舞。后来，我终于打探到了这个人，参加过祭孔活动的，当时已经93岁。

主持人： 当时见到老人家是什么样子？

游锦亮： 见到他以后，我就告诉他我是谁，把我的来意告诉了他，他听完后很激动，就让我赶紧拿纸笔来。他拿笔写字的时候，眼睛其实是看不见的，但是他能把所有的名字写出来，说出当

（图为游锦亮和佾生胡学俭合影）

时的校长是谁，招他进去的老师又是谁，这是很珍贵的资料。

主持人： 很不容易，他是这世上最后一个佾生吗？

游锦亮： 不是。后来我就收到湖南浏阳祭孔的消息，说他们还有传承人在世，当时的记载是两个人，一个叫刘百祥，另一个叫邱少求，因为我是长沙人，回到长沙之后我去浏阳找，最后找到了邱少求，当时已经 80 多岁。刘百祥已经去世了，留下了他一个人，他现在成了我的老师。

主持人： 后来又发生了什么事情？

游锦亮： 2015 年，他把他写的文稿底稿交给我，然后我跟他学了佾舞的动作，通过这些舞蹈动作，我开始深刻地去认识中国的哲学观、宇宙观，以及它背后博大精深的礼乐文化。我回深圳的第一件事，就是开创公益课，我想通过公益课来呼吁大家重视佾舞。一礼知天下，我的课堂上不讲舞蹈，我就讲佾舞背后的中国的宇宙观和它背后的中国美学。2016 年，在深圳职业技术学院，我们开了一个佾舞传承班，想让这颗种子种在深圳。2017年初，跟深圳职业技术学院（现深圳职业技术大学）联合做了一场中国佾舞礼乐学术研讨会，让佾舞在深圳这边的大学，能够有一个很好的大学生基础。

主持人： 佾舞的整个恢复、整理、完成过程，您花了很多的时间和精力，把活态的传承人找到，非常不容易，从这个意义上来讲，我觉得佾舞是非常幸运的。佾舞是东方传统礼教的重要组成部分，它的行列和动作之间，体现了东方人对礼的追求和向往。

传承活化

目前，我们知晓的佾舞主要依托祭孔活动传承，距今已有3000余年。五四运动后，全国祭孔活动几乎全部终止，唯有湖南浏阳文庙延续不辍。1949年，湖南浏阳文庙祭孔活动也正式停止，在接下来的半个多世纪里，佾舞无人问津，面临断层，20世纪参与过祭孔佾舞的浏阳文庙高龄老人邱少求，成为当前仅存的活态传承人。

2011年，游锦亮女士在家族宗谱中偶然发现佾舞资料后，选择投身于佾舞的抢救和保护工作。2015年，游锦亮在家乡湖南浏阳文庙找到佾舞活态传承人邱少求老人，得其亲授后，开始求学于清华大学、北京大学、北京舞蹈学院、中国艺术研究院等，并不断往返北京、山东曲阜、中国台湾等地，韩国、日本等国进行佾舞调研，得到众多专家学者悉心指教。2016年，游锦亮以深圳佾舞文化学者的身份，到中国台湾地区，以及日本、韩国调研佾舞并拍摄《佾舞》纪录片，将佾舞的研究成果进行交流和传播。佾舞每一次的举手投足，都展现着中华礼仪之邦的气势风范，是当之无愧的华夏礼乐文明符号。2020年，在游锦亮的努力下，佾舞成功申请成为深圳的非物质文化遗产，这颗几千年的种子

终于得以在这片年轻的土地上生根发芽，再次以"舞"的广度和"礼"的深度，辐射向大江南北、海峡两岸及汉文化圈，续写华夏千年礼乐文明的辉煌。

佾舞

传统技艺

祥利红木家具制作技艺

（深圳市市级非物质文化遗产）

戴家林

祥利红木家具制作技艺代表性传承人

非遗名片

深圳非遗·第一辑

红木家具源于明式家具，至今已有600余年历史，祥利红木家具制作技艺起源于清末江浙一带，距今已逾百年。

第一代传承人戴氏先祖戴怀仁，在浙江温州开设家具店，将制作技艺传授给其子戴德修。

第二代传承人戴德修，将家族技艺发扬光大，到上海滩开店。

（以上传承人均生卒年不详）

第三代传承人戴家林（1942—），浙江温州人，于20世纪70年代将家传技艺带入香港发展，并于20世纪90年代伴随深圳改革开放的步伐在深圳观澜开设红木家具厂，深圳观澜拥有全国最大的红木产业基地，祥利红木家具就此在全国推广开来。

第四代传承人王温漫（1978—），戴家林儿媳，现任深圳（观澜）红木家具博物馆馆长。

祥利红木家具制作技艺，从浙江到上海，再到香港，跨越百年的辗转迁徙，历经几代人的坚守，最后在深圳落地生根。深圳祥利红木旗下的红木家具，以酸枝、花梨木等稀有珍贵木材为原料，家具制作包括"开料工艺""木工（榫卯）工艺""雕花工艺""刮、磨工艺""生漆工艺""阴干工艺"这六大传统技艺及108道工序，对原料的选取和加工、家具的制作、工艺的把握等方面都有特殊要求，彰显独特的技艺特征、民俗特征，具有一定的历史文化、工艺、收藏等价值。

（一）技艺特征

祥利红木家具，注重传统手工艺，沿用古法制作家具，其制作技艺包括108道工序，其中生漆工艺最具特色，所用的大漆都是纯天然的树漆，具有防腐蚀、耐高温等性能，而生漆工艺的过程更是烦琐，包括打底子、刮面漆、磨砂皮等工序，最后再连续多次擦漆打磨，这样的工序需要反复十几次，一套家具需要一个月左右的时间才能完成全套的工序。五擦五磨的手工工艺，在全国更是屈指可数。此外，祥利红木家具制作技艺，还包含着20多种不同的榫卯工艺，其中单边燕尾包肩榫，是祥利红木家具拥有的四大失传工艺之一，榫卯结构是中华民族祖先的伟大创造，它将各家具部件紧密结合，俗称"万年牢"。

（二）民俗特征

祥利红木家具具有极为鲜明的民俗特征。除了家具的基本特征外，更主要的是受到民俗文化背景影响，部分家具的名称如"官帽椅""太师椅""交椅"等隐藏着深厚的民俗学意义，"交椅"更是民族融合的产物。祥利红木家具上雕刻有"年年有余""喜上眉头"等吉祥的花鸟走兽图案，是传统中式喜庆文化的杰出代表，更是民俗文化背景的生动体现。榫卯工艺及生漆工艺更蕴含着深刻的哲学思想，体现了儒、释、道和谐统一的美学。

（三）历史文化价值

红木家具生产最早可追溯到明代，延续至今已有600多年的历史。长期以来，作为一种重要的文化载体，红木家具为中华家具文明乃至世界家具文明的延续发挥了巨大的作用。祥利红木家具体现了先辈们的审美与生活环境、情趣，有着数百年的跨度，有着难以洞穿的精神内涵。

（四）工艺价值

祥利红木家具生产工艺流程复杂，每道工序的细腻程度和要求之高，是其他家具生产难以比拟的。这些生产工艺是中国劳动人民长期的智慧结晶，且难以被现代技术替代。它蕴含着丰富的科学技术基因，是一项极其宝贵的历史遗产。

（五）经济价值

长期以来，红木家具一直是观澜的支柱产业，祥利红木家具在当地的经济发展中发挥了十分重要的作用。其一，红木家具产业的发展，解决了当地相当数量的人员就业问题。其二，除满足本国需求外，红木家具还受到日本、韩国和东南亚人民的欢迎，可以大量出口创汇。

（六）收藏价值

祥利红木家具采用稀少珍贵的木材制作而成，木质坚硬，可保千年，加上大师级工艺师的精雕细琢，具有较高的收藏价值。

精编访谈

主持人： 红木家具作为传统中式家具，以丰富多彩的装饰和别具一格的造型来体现传统工艺和现代工艺的完美融合。戴老，今天来向您请教红木家具制作技艺。

戴家林： 明清两代，到东南亚地区用瓷器交换珍贵木材，运回做红木家具抑或是宫廷器具。1990 年，我把工厂从香港迁移到深圳，当时是"三来一补"，"来"即来原料加工，来设备和来技术这"三来"，"补"即补给我们一个免税政策，天时地利人和。

主持人： 20 世纪 90 年代您把这个技艺带到深圳，您老家是哪里？

戴家林： 老家是浙江温州，母亲和父亲在老家都有工厂，我就在那里边学边做。

主持人： 您一辈子都在做红木家具，什么时候停下来不做？

戴家林： 我现在还做，每天早晨都要在车间里，我这一辈子没有做过其他事情，只做这个。

主持人： 祥利红木家具技艺有哪些特别之处呢？

王温漫： 我们祥利红木有六大传统技艺和 108 道工序，你看它简简单单的一件家具，但是它背后，是我们所有祥利红木人的汗水，最重要的是我们有木工，就是榫卯结构，有雕花，还有我们最硬核的生漆工艺。

主持人： 那个漆据说是植物割下来的叶汁？

王温漫： 对，从漆树上割下来的，纯天然的，我们经过打磨，然后再一次一次擦上去，每擦一次都要进烘干房烘 24 小时，它才会自然晾干，然后再第二次擦上去，我们进行五擦五磨的，所以产出来的生漆工艺家具不怕水，不怕烫，不怕火。中国红木家具，它原来最传统的做法，就是这种生漆工艺，生漆工艺对红木家具的保护功效太好了，它绝对是第一名的，像现在所谓的打蜡是达不到这种效果的，人们用打蜡是为了更简单易行、易操作。打蜡就是打磨完后，直接涂一层蜡就可以了，工艺比较简单。

主持人： 明白了，省了工艺，省了漆，对质量还是有些影响的。

王温漫： 对，如果是缅甸花梨木的话，用了一段时间过后就会发黑，因为人体上有汗渍，不断接触的话它就会发黑，如果用生漆就不会这样。

主持人： 现在所有的红木家具，要坚持做这个工艺？

王温漫： 是，有些小厂家贪图赚快钱，会做一些简单的工艺，就推向市场。我觉得每一块木头，几百年才成材，多么不容易，是老天爷馈赠给我们的一个礼物，我们要把它做成艺术品，每一件家具能够留存百年甚至几百年。

主持人： 刚才您说到榫卯结构，榫卯是什么意思？

王温漫： 阴阳榫是不用钉子的，它用斗合的方式，让木头环环相扣，越用越牢固，你看明清家具到现在，都已经六七百年了，依然都是非常牢固的，这就是红木家具的魅力。

主持人： 这确实是很厉害，比钉子还要牢，都是老祖宗的智慧。你们在传承上有没有一些计划和想法？

王温漫： 我们所有的老匠人都将好的技艺以教学的方式流传下来，口述、拍照、记录、整理，形成演示文稿，不断宣讲，就是保留好这些技艺最好的方式。

主持人： 你们是很重视这一块的。

王温漫：对，做实业非常难，需要一份信念，包括家族的信念，就是几代人一定要把红木家具这件事情做好，做到极致。我们董事长他这辈子把红木推上这个台阶，让我们一定要传承下去，坚持下去，甚至让我的儿子也在这方面接棒，就是这种家族传承的训条，我们牢记于心。

主持人：你们去传承它的决心很大，从这个意义上来讲我觉得对于红木家具技艺来说是非常幸运的。

王温漫：源于这份热爱，我们董事长会不断地去引导，欣赏红木家具的美，是深深地扎在心底的。我们不仅是把它作为事业来做，同时也把它作为自己最爱的一个东西，是捧在手上的一种感觉。

主持人：人们在传统和现代的碰撞中，找寻着各自的方向和情怀，而祥利红木家具，正承载着这样的追求，它的每一刀每一琢，都体现了祥利人的用心良苦和精湛技艺，也体现了古典家具的独特民族韵味。

传承活化

　　时光雕琢，岁月打磨，身后仍是几百年不朽的工艺。红木家具是东方人的智慧结晶，其中衍生出灿烂辉煌的木作工艺，承载着博大精深的民族文化内涵。祥利红木家具制作技艺在创新中坚守着匠心，让传统的红木家具见人、见物、见生活，让更多的现代人感受红木家具带来的家的温馨。如今深圳观澜建立了深圳红木家具博物馆，向来往的人们继续演绎着红木文化的百年风华，期待未来有更多的人能喜欢、了解红木家具制作技艺。

祥利红木家具制作技艺

宝安公明腊肠制作技艺

（深圳市区级非物质文化遗产）

陈植华

宝安公明腊肠制作技艺代表性传承人

非遗名片

　　宝安公明腊肠，源于深圳宝安区新安一带，属广式腊肠的分支，迄今已有百余年历史，在凭票供应的年代，曾出现"一根难求"的局面，享誉乡梓。

　　宝安公明腊肠制作技艺第一代传承人周山（1915—1978），原为宝安公明国有食品站腊肠加工师傅，依古法工艺炮制腊肠，大胆调整口味配料，品尝时咸、香、脆感流连舌尖，肥香不腻而回味绵长，"一根难求"道尽此风味的受欢迎程度，遂定名宝安公明腊肠。

　　第二代传承人张俊华（1936—）、第三代传承人陈球兴（1937—）、第四代传承人陈植华（1954—）为改进、完善腊肠配方耗费心力。陈植华长期探索并创新配方，在沿用原全部手工技艺流程的基础上，于2004年引进特制电烤炉代替煤炭炉烤制腊肠。

　　第五代传承人陈国森，陈植华之子，18岁起向陈植华学习制作腊肠。

项目特征

自 20 世纪初开始至中华人民共和国成立，宝安公明腊肠的制作工艺和腊肠的风味开始区别于广式腊肠，表现出咸、鲜口味。每年 10 月份，公明腊肠生产制作开工（一般到春节前几天结束），3 个月内全靠师傅们手工制作，因此产量有限，通宵排队买公明腊肠成为当地人记忆中的一道风景。宝安公明腊肠有着明显的技艺特征、民间传承特征和岭南风味食品特征，以及不可忽视的历史价值、社会价值和经济价值。

（一）技艺特征

选料严格——新鲜猪肉保证无需用食用色素增色；配料讲究——酒、酱油、白糖、味精、盐，以及肠衣、咸水草等相关用品产地和品牌皆地道上乘；配料调制特色——配料加入中草药和香料，用料比例由配料技师掌握，灌制后稍晾即入炭炉烘烤，火候控制是关键，也是不外传的秘密。

（二）民间传承特征

"秋风起，食腊味。"岭南人喜食腊味，即使在物资相对匮乏的年代，公明腊肠也是当地人餐桌上的美味，摆上三两根年味浓烈，品尝一小段满足感汹涌。

（三）岭南风味食品特征

岭南人喜食腊味，尤爱偏甜且香气浓郁的腊肠，广式腊肠即是迎合岭南人口味的腊肠代表作。宝安公明腊肠既体现出广式腊肠的上述特点，又甜中带咸、鲜味十足，且香气扑鼻，当属广式腊肠的一个分支，其岭南风味食品特征十分明显。

（四）历史价值、社会价值和经济价值

宝安公明腊肠制作技艺延续至今逾百年，对研究岭南地域风味食品形成、演变和发展进程具有参考价值。进入当代社会以来，尽管各种美食充斥市场，但宝安公明腊肠这种曾经征服人们舌尖的美味食品，仍然备受追崇。如今，国家非常重视对传统手工技艺这一宝贵的非物质文化遗产的保护和传承，深圳市和宝安区也正在积极开发地方名优风味食品作为重要的旅游产品。宝安公明腊肠正面临重要发展机遇，如果得到积极有效的宣传扶持，定将产生可观的经济价值。

精编访谈

主持人： 公明腊肠诞生于公明，它曾经一根难求的故事流传甚广。老师，您跟谁学做的公明腊肠？

陈植华： 我 1984 年到公司的酒楼工作，直到 1990 年被调去总公司。刚去时，总公司通知我们做腊肠，下半夜 2 点钟起床，做到 5 点多下班。刚进来的时候学习灌腊肠，灌完我就可以下班，老师都是公司食品站的工作人员。

主持人： 那灌肠配方您什么时候学到的？

陈植华： 我不断地改良配方，主要改用新鲜猪肉，跟师父学做的时候是用冻肉，没有用过新鲜猪肉，其实是不能用冻肉的，要用新鲜的猪肉，到最后冻肉被全部取消。

主持人： 这个改良是在什么时候？

陈植华：1995 年、1996 年的时候，会做几十斤，那时候我们总公司在用炭炉，相当于改良了，慢慢地声名鹊起了，很多人想吃却买不到，因为下半夜两三点钟才出炉，一出炉就卖完了。1996 年、1997 年的时候，总公司赚到钱了，就买炭炉扩大生产规模，我进到一个新的工厂，一个人可以做 15 炉的腊肠。

主持人：所以公明腊肠最兴盛的时候，是在 20 世纪 90 年代。现在我们所吃的公明腊肠，就是从那个时候改良过来的？

陈植华：是的。

陈国森：我们一直坚持用新鲜的猪肉，所以开工的时间都是凌晨 2 点，在我们总公司的定点屠宰场，宰完、分割完就拉到我们工厂，我们马上用温开水清洗干净，再到下一步进行搅肉，比例一般是七分瘦肉、三分肥肉，搅拌均匀后直接拉到灌肠机，我们厂还保留最传统的工艺，现在灌肠还是半自动的，还是靠手动来操作，一定要把腊肠肠衣灌满，要不然就会有空气，这是不允许的，最后再用扎针把它里面多余的气体、水放掉，扎完之后就扎水草，穿过竹子直接挂在外面晾晒。入炉就是我们最重要的环节，我们的腊肠色、香、形、味比较特别，最关键的就是入烤炉的过程，如果烤炉温度过高，腊肠就会太干，如果温度太低，腊肠就会太湿，因为温度透不进去，腊肠也容易变质，所以烘烤技术很关键。

主持人：现在您等于是接下传承棒？有哪些计划呢？

陈国森：每次说到接棒，压力还挺大的，因为这么好的品牌，这么好的味道，不能在我这代就断了，像人家说的"创业难，守业更

深圳非遗·第一辑

难”，所以想把这个延续下去，第一点还是要把口味做创新，要多样化，因为现在深圳有来自五湖四海的人，有的人喜欢吃辣的，所以我们现在调了一个香辣味的腊肠，还有陈皮味的腊肠、茅台酒味的腊肠，这几种口味以后都会慢慢推广出去；第二点是要把工艺优化，我们现在大部分还是手工的，要有人 24 小时守着烤炉，因为要定期去调温，如果烤炉温度过火，腊肠就会烤焦，口感就没那么好，这个过程会很累，要整天守着烤炉，要改良的话就改为智能化一点儿，这样可以把人解放出来，不用那么累；第三点就是要多宣传，把公明腊肠推广出去，尽量成为深圳一个响亮的品牌，这样才可以更好地延续下去。

主持人： 您接手之后，有压力，也有动力，我们希望将来公明腊肠能够越来越好。品一口腊肠，讲一段故事，晶莹剔透的肠衣里包裹的不仅仅是鲜美的馅肉，更是传承人对传统技艺的坚守和钻研。

传承活化

　　历经几代传承，公明腊肠的传承人积极探索新的配方，鲜亮可口的腊肠背后，是他们对美食的坚守和对传统手艺的传承。第四代传承人陈植华，仍大体沿用原有的手工技艺制作腊肠，所调制的配方最为大众称道，因此出现购买时"一根难求"的趣闻。第五代传承人陈国森接手后，也在不停探索，改良设备，研发新口味。未来，希望陈国森能够将公明腊肠产业化，让这道散发着浓浓人间烟火气的美味，满足大湾区乃至全国更多食客的味蕾。

宝安公明腊肠
制作技艺

上川橹罟方粽制作技艺

（深圳市市级非物质文化遗产）

黄喜容

上川橹罟方粽制作技艺代表性传承人

非遗名片

上川橹罟（lǔ gǔ）方粽源于元末明初的深圳上合村，黄氏族人因避战乱，辗转迁徙到上合村。上川橹罟方粽技艺流传已逾数百年。

上川橹罟方粽制作技艺创始人为黄田钟氏（生卒年不详），温妹（生卒年不详）为第二代传承人，刘财欢（1908—卒年不详）为第三代传承人。

第四代传承人黄喜容（1947—），19岁嫁入刘财欢家中成为其儿媳，并传承橹罟方粽制作技艺，热衷于对橹罟方粽传统制作技艺的追寻和研究，对橹罟的药用价值及养生、保健功效进行了多方了解后，针对现代人在不同时令、季节的养生保健需求，在制作橹罟方粽时加入不同配料，研制出适合现代人口味的药食结合的养生橹罟方粽，让上川橹罟方粽成为当地保健养生的美味食品。

项目特征

　　橹罟方粽制作技艺以祖辈世代口口相传的方式流传至今，是上合人数百年来辛勤劳动、创造美好生活过程中凝聚的智慧结晶，包含了"孝德文化"的传承，技艺独特性、地域和民间传承特征明显，具有较高的历史文化价值、药用养生价值。

（一）技艺独特性

　　制作上川橹罟方粽需先到野外采割带尖刺的橹罟叶，去除尖刺，并用石头将叶子中间坚硬的筋骨碾压平整。把橹罟叶片裹成二三十厘米长的卷子，用淡盐水浸泡几天，包粽子当天再放入锅中煮上半小时，煮好再用清水洗净，根据粽子大小剪断备用。普通粽子只需 3 小时煮制即可，但上川橹罟方粽需煮 10 小时左右，煮好的粽还要再闷 10 小时，橹罟叶药效才能更好地和糯米融合。制作时间漫长，是上川橹罟方粽与普通粽子在制作上的主要区别。

（二）地域、民间传承特征

　　橹罟是岭南地区广泛生长、有较高药用价值的防风灌木，而上川橹罟方粽已不单纯是端午应节食物，也是上合人节日庆典、婚嫁迎娶、庆生祝寿共同分享的必备食品，寓意幸福美好、安康泰和，寄托了上合人对"父母慈、儿女孝、夫妻恩爱"和谐生活的美好愿望。

（三）历史文化价值、药用养生价值

上川橀笏方粽历史悠久，深受港、澳及岭南地区群众喜爱，对研究岭南传统食品发展及风俗文化有很好的参考价值。橀笏叶，味辛、淡、性凉，据《本草纲目拾遗》记载其有补脾胃、固元气、制伏亢阳、扶持衰土、壮精神、益血、宽痞消痰、解酒毒等功效；《陆川本草》记载其有治疝气、小便不利、糖尿病等功效；《岭南采药录》记载，煎服橀笏叶能解暑。顺应四季时令，加入燕麦、绿豆、眉豆、花生、红豆、莲子等五谷杂粮，增加上川橀笏方粽的风味，使之成为四季皆宜的养生美食。

精编访谈

主持人：端午节家家户户都会吃粽子，在深圳宝安就有这样一种方方正正的粽子，在吃完之后不仅唇齿留香，还具有养生的功效。那么橀笏粽是用什么来做的？

黄喜容： 橹罟，就是橹罟叶，以前遍地都有的。

主持人： 这个是橹罟的叶子吗？这个是不是一种中药？

黄喜容： 这就是中药，可以清热解毒、明目。

主持人： 上面有刺，这怎么采摘？

黄喜容： 用镰刀一片片割下来，一不小心碰到就会出血，田里、荒地、山头都有这种叶子。

主持人： 为什么会拿它来做橹罟粽？

黄喜容： 我们祖先就很伟大、聪明了。因为橹罟有中药的成分，它可以治疗多种疾病，这个割回来之后，要把刺给打掉，然后卷成这样。

主持人： 这怎么加工呢？

黄喜容： 把刺削掉之后，让它变软一点儿，就是拿石头推平它。

主持人： 明白了，原来没有推平之前里面是有肉的，然后加工就成了这样子，不是从中间切开的。

黄喜容： 煮完橹罟叶子就可以做橹罟粽了。

主持人： 粽子闻着好香。

黄喜容： 煮的时候更香。

主持人： 做这个橹罟粽的主要技巧有哪些？

黄喜容： 第一个技巧，你要把这个糯米泡几个小时。

主持人： 这是我们上合村的糯米和橹罟叶，花生也是咱们上合村的？

黄喜容： 对，我们村里有了这些东西就不用去外面买了，那个时候全部自己种。花生要炒香、炒熟它再加工，最重要的就是馅，做馅料的时候加一点儿红糖、盐，再放红葱头，你把这些合起来炒熟，真的很香的，主要靠这个红葱头把米调香，馅做完之后就放在糯米里包起来。

主持人： 这个缠粽子的线是什么绳子？

黄喜容： 咸水草，缠得一层一层的，天然的绳子，很健康。

主持人： 切出来像花一样。您跟谁学做这个橹罟粽？

黄喜容： 小时候，就看着家人做，后来结婚又跟家婆学。

主持人： 因为它有几百年的历史了，所以咱们（上合）村子人都会做？

黄喜容： 一般人都会做。以前端午节吃的比较多，现在不一样，他们想做就做了。这个叶子随时都有，只是端午节长得比较好点。

主持人： 所以说我们橹罟粽不仅端午节有，其他季节可能我们也会吃。

黄喜容： 对，有些人去到外国，他们回来要求做这个，吃这个，因为是自己的家乡味嘛，怀旧。

主持人： 他在国外都做不了，因为没有这个叶子。

黄喜容： 对，现在做这个的人少了，像我们年纪大了，都老了，我今年70多岁了。

主持人： 像您这个年龄段会做橹罟粽的人多吗？

黄喜容： 大多数都会做，比我年纪小的都会。

主持人： 为什么要做这么大的粽子？

黄喜容： 以前他们去种田，中午都不回来吃饭的。带一条去，够全家人吃一天了，以前的日子不容易，这个可以放很长的时间。

主持人： 能放多久？

黄喜容： 以前清水煮开后，把它（橹罟粽）放进去，过几天把那个水换掉，要吃的

时候就捞上来蒸一下，放半个月都可以。

主持人： 15 天都可以？

黄喜容： 对对对，方便。初一、十五，我们都到祖先前面磕头上香，我
内心是很感恩的，我们祖先很伟大，没有聪明的祖先，我们
没有这么好的日子。

主持人： 很感恩。橹罟方粽始于聪明勤劳的祖先的创造，也是安泰祥
和、幸福、美好的象征。

传承活化

　　尽管橹罟方粽的制作时间漫长、工序烦琐，但一代代上合人依然乐
此不疲，沿袭祖先流传下来的古法制作。因为心存过往，才让这种制作
耗时费力的粽子有了特殊的意义。如今，上川橹罟方粽已经成为深圳宝
安上合地区具有代表性的传统食品，成为一代代上合人的味觉纽带。随
着岁月的推移，橹罟方粽也蕴含了更多的文化内涵，它不仅是端午的应

节食物，还成为上合人节日庆典、婚嫁迎娶、庆生祝寿的必备食品，寓意着幸福美好、安康泰和，是上合人"孝德文化"的传承与体现，同时也是联系海内外侨胞的重要桥梁和纽带。

上川橹罟方粽
制作技艺

261

粤式酥点制作技艺

（深圳市市级非物质文化遗产）

庄流创

粤式酥点制作技艺代表性传承人

非遗名片

酥点类饮食在我国已有 2000 多年历史。粤式酥点是南酥的一种，注重起层，口感香酥化口，是岭南地区必备茶点，享誉国内外。

粤式酥点制作技艺源起清末民初，广东陆丰潭西镇崎头村人庄智敬（生卒年不详）系第一代传承人，掌握家传酥皮老婆饼制作手艺，并结合在广州饼坊务工所学技艺，传授给儿子庄信德和侄子庄信珍。

第二代传承人庄信珍（生卒年不详），于 1932 年迁往香港元朗，因制作酥皮老婆饼在五合街声名鹊起。

第三代传承人庄祖来（1930—），庄信德之子，1990 年携第四代传承人庄流创（1973—）来深圳松岗经营粤式酥点作坊，坚持传统工艺配料配方，创新蛋黄酥、潮式酥等品种，荣获"蛋黄酥国饼经典""2019 中华糕饼领导品牌""月饼节金奖""月饼节质量信誉奖"等业界荣誉，并广泛收徒授艺传承，现主要分布在广东深圳宝安松岗街道及其周边地区。

第五代传承人庄丽萍，庄流创之女。

项目特征

粤式酥点制作工艺考究，包括配料、水油皮及油酥制作、包馅、成形、烘烤、装饰等工序，根据制作方式的不同，可分为层酥类和混酥类。层酥类以粤式酥皮为代表，主要由水油皮包制油酥而成，对原料配比与开酥的手艺都有很高的要求；混酥类如合桃酥等，以油脂和面粉为主要原料搅拌成型，成品不分层但口感香脆酥爽。粤式酥点制作，每个环节都至关重要且环环相扣，需要长年累月的练习才能制作出上乘酥点，且工艺考究，有明显的地域特色和民俗特征，具有较好的历史价值、科学价值和社会价值。

（一）工艺考究

制作工艺包括配料、水油皮及油酥制作、包馅、成形、烘烤、装饰等工序。分层酥类和混酥类，层酥类以粤式酥皮为代表，老婆饼和蛋黄酥酥皮层数达到18—24层，潮式酥20—26层，每层薄如蝉翼、层次分明；混酥类如合桃酥等不分层但口感香脆酥爽。增强酥点口感：除传统常规猪油、面和水外，添加牛奶、鸡蛋、牛油等优质原料，采用水油皮叠酥工艺，优化油酥中油和面粉的配比，利用烤制方法的熟制特性，丰富油脂分层，制作出的酥皮层次分明，色泽金黄，造型美观。

（二）地域特色

粤式酥点是中国传统酥点文化在岭南地区的丰富与发展，是南酥的

一种，是潮汕传统节日饮食文化在深圳地区的传承与发展，具有海洋文化兼容并包的特征，独具地方代表性。

（三）民俗特征

粤式酥点传承着潮汕地区"时年八节"的民间节日文化，与节气、节俗交融，是节庆礼俗与祭祀必不可少的食品，承载着当地百姓对礼俗与生活关系的想象，对神灵、祖先和生命的崇敬，承袭岁时节庆礼俗变化之精神。

（四）历史价值

粤式酥点制作技艺随庄氏族人迁徙，与不同地域饮食习俗交融，内化为当地人的生活方式，对中式酥点文化研究、潮汕民俗考证与粤港澳文化认同等具有参考价值。

（五）科学价值

粤式酥点采用传统手工制作，从调制面团到开酥、成形，再到熟制，环环相扣；在原材料配比、面团调制、开酥、成形等工艺方面不断优化与创新，制作出低糖、健康、美味的酥点，为中式酥点技术研究提供重要科研资料与丰富实践案例。

（六）社会价值

粤式酥点制作技艺的传承，有助于中华民族传统节庆文化、糕饼文化的弘扬，是维系海外侨胞、港澳同胞的情感纽带，有助于增强文化认同感与族群凝聚力。对于深圳"中国特色社会主义先行示范区"、粤港澳大湾区产业发展具有积极探索与创新意义。

精编访谈

主持人： 我们知道中式茶点可以分为南酥和北酥，粤式酥点是南酥的品种之一。咱们今天聊聊粤式酥点制作技艺。

庄流创： 粤式酥点起酥是水皮跟油酥搭配，皮的松化工艺非常考究，一层搭一层反复折叠，层次很多，环环相扣。每一个步骤要经

过长年累月练习才能做出来。

主持人： 这个技艺您跟谁学的呢？

庄流创： 跟我爸爸和爷爷。逢年过节都会做一些，因为要祭拜，然后我们会送给邻居或者亲戚，叫送节，当时是小孩，非常期待过年过节，因为有饼可以吃。我十来岁跟随爸爸学习，当时设备简陋，用炭烤完，加盖子，烤之前对面进行处理。现在做法跟之前基本差不多，就是烤箱不同，现在设备都改进了。

主持人： 来深圳开厂创业有没有觉得特别困难或者想放弃的时候？

庄流创： 有过困难。浙江义乌因为没有老婆饼，我们的酥点价格不贵又有流通市场，所以非常好卖，两三天就发一卡车去义乌，当时老婆饼没有这种保鲜包装，义乌天气炎热、湿度大，三五天就会发霉，但是货已经发出去了。发霉导致我们损失了百来万，对我打击很大，教训很深刻，非常痛苦，所以后来公司研创新技术，改用保鲜包装。

我们通常用麦芽糖醇作为代糖，更加健康。现在一些女士担心发胖，甜的东西总要问一问我们是否健康。爱美、爱健康

的人士甚至糖尿病患者都会想要尝试，我们要满足他们的口味。

主持人： 对，应该说你们创新很多，不管在包装、口味、内容还是形式上都做了创新。

庄流创： 是的，更加适合这个时代，你必须要与时俱进才能传承。老是用以前的方式方法，年轻人不接受，就没办法传承下去，更谈不上发展。

庄丽萍： 我非常敬佩我的父亲，因为制饼事业需要匠人精神，他身上有很多闪光点值得我学习。首先作为一个手艺人，他对他传承下来的手艺非常珍惜看重；作为企业家，他责任重大，如履薄冰，因为食品安全关系千家万户舌尖上的安全。对于我这一代来说，我有责任和兴趣将其传承发扬。中国人表达爱的形式非常含蓄，就像父母对小孩的爱一样，有再多的爱也不会像西方人一样给一个拥抱，或者说一句"我爱你"这样热情洋溢的话，但是我们会把我们想要表达的思想以及憧憬化作一个糕饼，把甜甜蜜蜜的馅包进这个饼里面，让吃下去的

人都能够甜蜜幸福。我认为这是我们中式糕点跟其他西方糕点的不同，也是我想要继续把它传承下去的一个很大的原因。

主持人： 粤式酥点承载着人们对礼俗和生活关系的想象，承载着人们对神灵祖先和生命的崇敬，它融入岭南人生活的方方面面，也是优秀传统文化的重要组成。

传承活化

如今，粤式酥点已发展成为深圳地方特色文化品牌，是深圳地区传统节庆必备饮食与手信馈赠佳品，享誉国内外，深受消费者喜爱。尽管已从事酥点制作多年，但是庄流创对技术的要求精益求精，对食品卫生制度实施近乎严苛。他一方面在酥点生产中坚持运用传统工艺与配料配方，一方面积极培养技艺传承技师，同时将粤式酥点制作技艺传于女儿庄丽萍，鼓励她对不同国度、不同民族的面点及其文化进行比较研究。未来，期待继续壮大技师队伍，融合文旅创新发展，让粤式酥点成为深圳旅游、经济发展的文化名片，也成为维系海外侨胞、粤港澳同胞的情感纽带。

粤式酥点制作技艺

大鹏打米饼
（深圳市区级非物质文化遗产）

余进如
大鹏打米饼代表性传承人

非遗名片

　　大鹏打米饼源于明清时期的深圳大鹏所城，距今已有600余年历史，长期流传于大鹏半岛及其附近区域。其形成和传承，与大鹏所城的建立、"军士"来源、屯田制度以及所城的军事史、战争史紧密相连。

　　第一代传承人袁月嫦（1905—卒年不详）。

　　第二代传承人赖月巧（1931—）。

　　第三代传承人余进如（1944—），为广东水师提督、振威将军赖恩爵的孙媳妇。从小跟随家人学做打米饼。由于聪明好学，善于动脑筋，加之几十年的实践经验，在原料的配比、大米浸泡时间、烘烤火候的把握等方面均有独到之处，做出的打米饼色、香、味俱佳。

　　第四代传承人杨河卿（1970—）。

项目特征

在数百年的传承过程中，打米饼从单纯的军粮逐步融入到当地百姓的日常生活中，大鹏所城民众在春节等节日及婚丧嫁娶等民俗活动中，都流行制作打米饼，体现了其特有的历史特征、地域特征和文化特征，具有较高的经济价值、历史价值和民俗学价值。

（一）历史特征

大鹏打米饼形成于明朝洪武年间到永乐年间，至今已有600多年历史，一直传承不衰。特别是经过赖氏家族的传承和发展，制作技艺有了显著提高，使其成为大鹏所城的名特食品，后来又与中国历史上著名的九龙海战相联系，赋予其更加丰富的历史内涵，因而具有鲜明的历史特征。

（二）地域特征

大鹏打米饼传统手工制作技艺，只流传于大鹏半岛及其附近区域，以大鹏所城为代表，具有明显的地域特征，这一地区人们的生活习俗、生活环境以及卫所制度等综合性因素也是特有的。

（三）文化特征

大鹏打米饼本身是大鹏半岛及周边地区特有的一种传统手工技艺，也是这一地区人们饮食文化的体现，其形成和传承是跟大鹏所城的建立，跟所城"军士"的世袭制度、屯田制度和军事活动等情况紧密联系的，体现了一种特有的卫所文化特征。

（四）经济价值

大鹏打米饼以其独特的主、辅原料和制作方法制成，其色、香、味俱佳，还可根据各人不同的口味、不同的习惯添加不同的辅料，使其成为具有鲜明大鹏特色的名特食品，既可自己食用，又可用作礼品馈赠亲友，因而具有较高的经济价值。

（五）历史价值

大鹏打米饼产生于 600 多年前的大鹏所城，是明清时期特殊的卫所制度的产物，而且一直传承至今，见证了大鹏所城形成、发展变迁的全过程。对大鹏打米饼相关资料的搜集、整理、研究，对了解大鹏所城建立过程中，军民融合状况、屯田制度的实施以及军事史、战争史等均有参考意义，因而具有一定的历史价值。

（六）民俗学价值

大鹏打米饼包含了丰富的卫所文化特征，而且历经数百年，又经过不断的发展变化，其制作工艺的演变、主辅原料的使用和增减都与不同时期人们不同的饮食习俗、生活习俗等方面的发展变化息息相关。大鹏打米饼的制作、食用还和民间的礼俗、节庆活动有所联系，如大鹏所城的民众每年春节都要制作、食用打米饼等。因此，对大鹏打米饼深入发掘整理，对于了解这一地区人们饮食习惯的形成，人生礼俗活动、节庆习俗的形成、演变等都具有重要价值。

精编访谈

主持人： 大鹏打米饼被称作是中国最古老的压缩饼干，它有着 600 多年的历史传承，同时也是卫戍士兵的军粮，更是卫所文化的重要组成部分之一，那么打米饼到底是怎么做的呢？阿婆，您今年高寿？

余进如： 77 了（2021 年）。

主持人： 您是在这长大的吗？

余进如： 是。

主持人： 您学打米饼有多少年了？

余进如： 从小就看妈妈、婆婆做打米饼，我们现在这年纪的都会做，都
是长辈教的，过年拜神时要用到。

主持人： 打米饼做起来麻烦不？

余进如： 麻烦也要做，家家户户都打的。石磨很重，一个人磨很辛苦。

主持人： 打米饼除了过年用于祭祀，还有什么民俗节日会用到它？

余进如： 平时可以放到袋子里，去耕田的时候吃。

主持人： 明白，干粮，有点儿像压缩饼干。

余进如： 以前没有饼干卖，现在很多了。

主持人： 是，那现在还有人吃打米饼吗？做打米饼的人多不多？

余进如： 喜欢就做，但是会做的人不多了。

主持人： 杨姐，您跟阿婆学打米饼有多久了？

杨河卿： 有 5 年了，之前我没打过。

主持人： 打米饼麻烦吗？

杨河卿： 这个过程很麻烦。首先要把大米泡了，然后拿去炒，炒到冰黄
色的时候，捞起来磨成粉，加糖水、花生、芝麻，一起在缸里
面搓，搓到晶莹之后才可以做，有好多道工序，整个过程都是
人工完成。

主持人： 都是人工的，没有机器？

杨河卿： 没有。因为他们说打米饼
是军粮，以前将军出征的
时候，粮食不够，当地老
百姓就做这些米饼给他们
带出去，可以放很多天。

也不用蒸，拿起来就可以直接吃。

主持人： 对，其实家属做的不只是口粮，还多了一份关心。我看打米饼上面写着大吉，其实就是祝福他们，让他们能平安归来。

杨河卿： 对，吉祥、平安归来。这是老少平安，这是春福。

主持人： 各个都挺有意义的，工具都是木头做的吗？

杨河卿： 都是木头做的，锤子是配套的，把米粉磨好后倒进工具里，用锤子敲，做好后敲旁边这个角，就可以倒在白纸上。

主持人： 米饼就是一个一个这样做出来的？

杨河卿： 是。

主持人： 那么多的米饼，是不是做起来很累？

杨河卿： 也不累，做的时候也很快，都是手工来做。我们这里还是保留原来的做法——用柴火烤出来的米饼，跟烤炉烤的不一样，它会更香，一闻那个味道就知道。

主持人： 现在除了您之外，还有其他两个徒弟，就你们三个跟着阿婆学习吗？

杨河卿： 阿婆教我，我就教她们，我也想她们将这门技艺传下去，一直保存这项遗产。

主持人： 打米饼硬脆口感的背后，流淌的不仅是家乡大米的芬芳，更是阿婆指间敲打的回响。

深圳非遗·第一辑

传承活化

　　岁月流逝，沧海变桑田，但古城依旧。大鹏打米饼虽在大鹏所城及其周边地区流传了数百年之久，但随着社会变革的不断深化和城市化进程的快速发展，已濒临灭绝。在传承人余进如的手里，打米饼依然保留原始的柴火烧制方式，在口传手授之中努力将其传授给徒弟。如今的大鹏打米饼，不仅成为深圳大鹏所城饮食文化中不可或缺的一部分，还成为深圳非物质文化遗产的一部分，期待更多的人能通过大鹏打米饼这一文化名片，来了解深圳历史的点滴。

大鹏打米饼

皮雕技艺（深圳）

胡海平

皮雕技艺（深圳）代表性传承人

非遗名片

皮雕技艺（深圳）起源于草原游牧民族，先秦时期手工艺专著《周礼·考工记》列出的 30 多种手工艺中就有"攻皮"工艺，后经由战争、海上丝绸之路、民族大融合等传播到广东并延续至今。皮雕技艺源自内蒙古科尔沁左翼中旗成吉思汗开国功臣木华黎后裔皮艺世家，该家族世代为王公贵族制作马鞍、皮靴、剑鞘、皮铠甲等皮制品。

创始人恩和金（1657—1708），内蒙古科尔沁左翼中旗人。

第二代传承人齐格奇巴特（1688—1765），内蒙古科尔沁左翼中旗人，技艺为家传。

第三代传承人朝日格毕力格（1743—1813），内蒙古科尔沁左翼中旗人，技艺为家传。

第四代传承人王旦（1790—1863），内蒙古科尔沁左翼中旗人，技艺为家传。

第五代传承人巴图（1849—1926），内蒙古科尔沁左翼中旗人，技艺为家传。

第六代传承人巴雅尔（1900—1979），家族传承，为成吉思汗开国功臣木华黎第 31 代后裔；出身于科尔沁左翼中旗皮艺世家，家族世代为宫廷制作御用马具、甲胄、战靴等皮制品。巴雅尔始终不忘肩负的传承使命，于 1975 年将皮雕技艺传承给孙子李思沁（嘎瓦）。

第七代传承人李思沁（嘎瓦）（1965—），蒙古族，出身于科尔沁部落左翼中旗皮艺世家，内蒙古通辽人，成吉思汗开国功臣木华黎第 33 代后裔。10 岁开始跟爷爷巴雅尔学习家族皮雕技艺，后结合版画与油画技艺创作了《醉草原》《摇篮》等一系列草原题材皮雕作品，其作品艺术张力极强，多次获得海内外大奖，古老艺术注入了现代因素而获新生，被誉为"草原魂""戈壁魂"。2016 年，李思沁（嘎瓦）被评为国家工艺美术大师并发明了多项实用新型专利。2017 年，他将代表中国民族文化的皮雕艺术带到了法国卢浮宫，让蒙古族皮雕作品和皮雕艺术重新站在世界巅峰，享誉海内外，是最具影响力的皮雕艺术家之一。徒弟有胡海平、包志强、桂林、郝俊杰。

第八代传承人胡海平（1983—），浙江永康人，深圳市工艺美术大师，师承李思沁（嘎瓦），作品吸取嘎瓦老师民族风皮雕传统技法并融合国画、雕塑等工艺美术特点，擅长以女性视觉表现大中华文化之美，代表作有《客家围屋》《禅龙系列》等，在加拿大亚太文化节、国际时装周、戛纳电影节、深圳文博会等国内外舞台上获得高度认可。2019年，她凭借着一双巧手成功地推动皮雕技艺被纳入深圳市龙岗区非物质文化遗产。传承人黄飞龙，男，江西人；孟璐璐，女，新疆人。

项目特征

皮雕艺术是我国传统艺术领域的一块美玉，经过历代皮雕匠人们坚持不懈的努力，如今皮雕艺术在深圳龙岗区艺术产业链的发展已经初具雏形，其手工特征、技法特征和民俗特征较为鲜明，集实用性、鉴赏性、珍藏性于一身，尊贵而典雅，具有很高的历史文化价值、艺术价值、经济价值。

（一）手工特征

坚持用原始的工艺制作方法，匠人们凭着多年的技术经验，可在皮的湿度、雕刻的深度、色彩的晕染程度、油脂度等多道工序中严格把控，因此，纯手工制作可使皮雕艺术品呈现出灵动、圆滑、舒适而富有温度的感觉，而现代的模具制作就无法照顾到方方面面，无法将皮雕的优势发挥到极致。

（二）技法特征

雕刻技法：下刀的过程要重下轻收，使雕刻线条完美过渡。

修饰技法：力度均匀錾底纹，灵活巧用死工具，实用才是硬道理。

染色技法：平心静气慢慢画，皮雕上色浅到深，层层过渡才自然，立体修饰放最后，精益求精无止境。

（三）民俗特征

其作品风格呈现出多元化的民俗特征，传承人胡海平将自己对民俗文化的解读，通过皮雕这项古老的技术载体进行表达，已经从技术层面的追求转向更深层的精神文化追求。这种转变是一个地方区域内长期人文积淀的一种客观反映，它是一个地方文化的象征，也是古老文化的传承。

（四）历史文化价值

中国的皮雕艺术起源于草原游牧民族，早在先秦时期的手工艺专著《周礼·考工记》列出的 30 多种手工艺中就有"攻皮"工艺，可见其历史之悠久，其对传统皮雕工艺的拓展研究和对雕刻工艺的系统阐述，开拓创新雕刻、敲打手法均可提供参考价值。

（五）艺术价值

皮雕是在经过植物鞣制的皮革上进行刻画、敲击、压挤、推拉、染色等，形成层次鲜明的纹饰，具有较高的艺术审美价值。

（六）经济价值

2016 年，皮雕作品《禅龙》在加拿大亚太文化节上以 7500 加元成功拍卖，被加拿大温哥华美术馆收藏，拍卖所得如数捐出，用于弘扬宣传中国文化；2017 年，皮雕作品《紫禁城》系列获得中国首届旅游产品大赛银奖，系列作品全部被爱新觉罗后裔刘女士收藏，收藏价为 30000 元。由此可见，皮雕作品具有相当高的经济价值。

精编访谈

主持人： 皮雕技艺有着源远流长的历史，皮雕作品更具有鉴赏、收藏和使用价值。这些精美皮雕的源头又在哪里呢？皮雕是一门什么样的艺术呢？

嘎　瓦： 它是蒙古族代代流传下来的一个艺术工种。由于蒙古族人历来过着游牧生活，以及各种因素，导致他们离不开皮张，能工巧匠就在皮子上烫一些符号，做一些标志，以装饰画的形式挂在蒙古包里，还有马鞍、皮靴、腰带等很多生活用品，都离不开皮子，后来逐渐演变成皮雕艺术。

主持人： 所以说有蒙古族人的时候，就有皮雕？

嘎　瓦： 对，有了游牧生活就有了皮雕技艺。我爷爷每天就做这些东西，我就跟着玩跟着学，内心里就有这种爱好。我太爷，太爷的太爷，我们的祖辈都是做皮具的。

主持人： 您学的专业是？

嘎　瓦： 我一直学版画，考上大学以后，对油画产生了浓厚的兴趣，后来就专攻油画。毕业以后，我上了两年班，突然有一天，从仓房里发现了爷爷做的一个旧马鞍子，一下子勾起我的童年记忆，从骨子里来说，这个应该是我要做的东西，后来我义无反顾地辞去学校的工作，投身到皮雕技艺里。冥冥中我感觉是上天的一种安排，之前的过程，都是为了我以后对皮雕技艺的发展打基础的，所以说我的作品里的东西，和别人不一样，因为它既有版画的技艺，又有油画的厚重，还有皮雕的神魂在里边，既有写实的部分，同时也有震撼人心灵的共鸣感。

主持人： 您拣起这项技艺的时候，那个年代从事皮雕技艺的人多不多？

嘎　瓦： 说起来很心酸的，那时候没有电脑，根本没办法上网查。我是问学院的一些老师，然后又去牧区采访老皮匠们，问这个皮子怎么熟，从哪能弄到，我其实也没弄到，但那时候已经有人开始在做皮雕了。有人跟我说，你到呼和浩特去找谁谁谁，我给你介绍，然后我就去了，结果被拒之门外。因为那时候，皮雕是一个新兴产业，他自己的客人多了以后，他得自我保护，说白了就是跟经济挂钩。

主持人： 就相当于多一个人抢饭碗了。

嘎　瓦： 所以说我能理解，我就把皮雕作品买回来了，我就把它全拆开了，基本的工艺流程我知道了，然后我自己摸索，因为没人教我，过程很辛苦，我拆了又做，做了又拆，因为我过去做过版画，这都是根基。我直接用刻刀在皮子上，把动物的肌理、毛发全部给挑出来，那时候在国内、国际上，谁也没有做到这个技法。

主持人： 对，所以看到这一幅作品的时候，我们都能够触摸到这个老人她的皮肤的质感，我觉得非常震撼。

嘎　瓦： 我的母亲拿着转经轮，手上有着念珠，她一生就是为苍生来祈祷。全天下的母

传统技艺

281

亲给我的感觉都是这样。

主持人： 对，这就是母亲的形象。所以说皮雕艺术能够呈现人文内涵。

胡海平： 其实我也跟过很多的老师学这项皮雕技艺，国内的老师也好，国外的老师也好，但跟着我师父，能让我觉得找到了中国皮雕文化的根源。嘎瓦老师的每一幅作品都非常抓人灵魂，我在思考如何才能达到这样的状态。因为常规学皮雕，都是临摹或者复刻，比较少原创且能够抓人眼球，或者能跟你进行精神沟通的作品。

主持人： 在深圳做皮雕的年轻人多不多？

胡海平： 不是特别多。可能是市场方面的一些原因，皮雕这一项技艺不是说可以很快速地挣到钱，很少有人愿意沉下心来做这个东西。

主持人： 皮雕技艺该如何传承下去？

胡海平： 产业化是传承非遗的一个非常好的方式，但我还是希望它小而美。中国传统文化的崛起，很多人还是会对手工感兴趣，我就在技艺里做一些研发，比如杯垫、晚宴的高端秀场包或者文创产品开发，我要去找一些细分的市场来做它，因为非遗艺术毕竟是要融入生活，应用在生活中，才能继续传承下去，所以我一直在摸索。

主持人： 经过一代代皮雕大师的不懈努力，皮雕技艺日臻成熟，当你触摸着这些皮雕作品的时候，仿佛走进岁月的长河，聆听到历史的声音。

传承活化

　　作为高包容性的国际化现代都市，深圳汇集了来自世界各地的优质皮革，多元的材质选择也给了手工艺人们更大的创作空间。在第八代传

承人胡海平坚持不懈的传承下，深圳吸引了来自全国各地不同民族的皮雕艺术创作者，他们在草原风格皮雕艺术的基础上，大胆创新，增加了皮雕技艺的实用性与艺术性，将皮雕艺术延伸到家具、皮具乃至文创领域，使皮雕作品变得更加立体丰富，多项作品先后在国内外各大平台上受到业界的高度认可，期待它能够在粤港澳大湾区这片土地上，得以延续下去，重现东方民族特有的文化魅力。

皮雕技艺（深圳）

红烧乳鸽制作技艺
（深圳市市级非物质文化遗产）

袁建东
红烧乳鸽制作技艺代表性传承人

非遗名片

　　红烧乳鸽属粤菜菜系，是广东省传统名菜之一。据有关传说和史料记载，红烧乳鸽是由民国时期发展传承而来的，由内地传到香港再传到深圳，并经不断演变、改进，终于形成具有深圳本地特色的红烧乳鸽制作技艺。

　　红烧乳鸽制作技艺第三代传承人袁志伟（1964—），20 世纪 70 年代末期，由家里亲戚介绍，到香港沙田的酒店做乳鸽烹饪技术的学徒，后来任乳鸽制作师傅，参与红烧乳鸽的生产、经营，回深圳后，将制作技艺传授给弟弟袁建东。

　　第四代传承人袁建东（1971—），深圳大梅沙村人，现任深圳市五谷芳集团董事长。少年时向大哥袁志伟学得红烧乳鸽制作技艺，其徒弟黄石

海、何文生、杨新荣等在他的指点下也全面掌握了这项技艺。为进一步发扬红烧乳鸽的手艺与口碑，袁建东创建了深圳市五谷芳乳鸽王饮食策划管理有限公司。

项目特征

百年来，深圳红烧乳鸽一直由民间餐馆、作坊生产，用乳鸽作为原材料制菜，以红烧或卤制为主，是深圳具有代表性的传统菜式，有着明显的传统手工技艺特征以及较高的历史文化价值和营养价值、商业价值，是宝贵的非物质文化遗产。

（一）技艺特征

红烧乳鸽制作技艺主要分为两大步骤，其一是卤制乳鸽，其二是油炸乳鸽。卤制乳鸽特别讲究卤水的原料配比，任何一种原料的多少，都会直接影响乳鸽的口味，而卤水配方也是红烧乳鸽最为重要的价值，一

传
统
技
艺

285

般都是不对外传的，只有直系亲属或师徒才能传承。油炸乳鸽讲究油炸的时间和火候，时间过长或过短，油温过高或过低，都直接影响乳鸽的色泽和水分的流失，需要有多年经验的老师傅才能把这项技艺掌控好。

（二）历史文化价值

红烧乳鸽在不同的历史时期通过改良与创新，确立了在深圳饮食文化中的重要地位，并在深圳饮食文化的传承与发展过程中起到举足轻重的推动作用。

（三）营养价值

红烧乳鸽具有一定的食疗作用，据《本草纲目》记载，鸽肉能解诸药毒，调经益气，性味平和，体质热、寒的人都可以食用。含有丰富的软骨素，常食能增加皮肤弹性，改善血液循环。

（四）商业价值

红烧乳鸽影射出深圳市旅游经济产业的积淀与繁荣。来深圳到大梅沙吃乳鸽已成为深圳旅游的特色行程，在一定程度上可以促进当地经济的发展。

精编访谈

主持人： 可能我们深圳人对乳鸽并不陌生，但被列入深圳非遗的红烧乳鸽制作技艺，它的奥秘到底在哪里呢？

袁建东： 卤制是制作脆皮乳鸽最关键的一步，在加入灵芝、桂皮、香叶、小茴香等 13 种中药材后，放进卤水里面浸泡 15 分钟，利用卤水的温度，将乳鸽慢慢浸熟，保证乳鸽肉汁鲜嫩的同时又不损坏表皮。之后要冲水，为

了让乳鸽皮收紧，这样皮会更加松脆。过脆皮水的时候，一定要均匀，这决定炸出来的乳鸽是否能达到皮脆、鲜亮，接着放到通风处风干，等到鸽身摸起来不热，就可以下锅炸了。炸的时候，油温要控制在 130℃ 左右。炸 3—4 分钟便可以捞出来，这样乳鸽才能脆而不烂，色泽红亮。

主持人： 您的红烧鸽子有什么制作秘诀，为什么跟别的不一样？

袁建东： 我们主要是在药材上下功夫。比如说我们现在有 10 多种药材，我的老师当时给了我 12 种药材，味道还是蛮不错的，然后我在这 12 种药材的基础之上，不断去优化、总结。

主持人： 这个乳鸽您做了多少年？

袁建东： 21 年了，主要是源于我奶奶跟我舅公，听我奶奶说，20 世纪 30 年代的时候，舅公跟奶奶比较喜欢乳鸽，就养乳鸽，刚开始养乳鸽是养着玩的，后来他们发现乳鸽还可以做成一个产业链，给家里增加收入，就慢慢把它发展成有一定规模的养殖场。他们在香港元朗的洪水桥，养了乳鸽之后，送给周边的一些酒楼。20 世纪 50 年代的时候，有一家酒楼做得比较好。之后奶奶就带着爸爸来了大梅沙，中华人民共和国成立后，就一直留在大梅沙这边了，然后奶奶深圳、香港两地跑。哥哥比我大 10 岁，20 世纪 70 年代末去了香港，到酒店做学徒，他主要的工作是在厨房卤乳鸽，他在那里待了两年多，学会了这门技术。

主持人： 当时这家酒店的乳鸽，算不算一道名菜？

袁建东： 在当时来说，渐渐地算一道名菜了，大概在二十世纪五六十年代到七八十年代期间，吸引了不少食客到那里品尝乳鸽。

主持人： 您当时是跟谁学做乳鸽的？

袁建东： 刚开始是跟我大哥学，我9岁就开始学做饭，我爸爸那时候就培养我们，从我大姐开始做菜，然后教会我大哥，我大哥又教会我二哥，然后就一个传一个，就在家里做菜。基于这么一种情缘，逐步对菜系产生一种兴趣。

主持人： 当时学的时候是多大岁数？

袁建东： 26岁。

主持人： 您怎么想起来把这个乳鸽拿去申请非遗呢？

袁建东： 我是深圳人，我认为深圳的文化底蕴是相当悠久的，很多人来到深圳之后，他只了解到深圳40多年改革开放的历史，尤其年轻人，他只了解深圳，不了解鹏城，所以我作为一个深圳人，想通过一种渠道，把深圳的文化、历史挖掘出来。

主持人： 您作为孙辈，把这个乳鸽产业文化发扬光大了，我觉得很不容易。

袁建东： 我认为这也是一种机缘巧合。我舅公和奶奶因为喜欢鸽子，就建了一个鸽子场。到20世纪70年代，我大哥从大梅沙去了香港，他的第一份工作，是去我舅公介绍的酒楼，负责卤乳鸽，20世纪90年代哥哥回来了，他看到我对做菜这一块有点儿兴趣，就把这门手艺传授给我了。所以我认为，这有一种情缘在里面。

主持人： 未来你想怎么去传承它？

袁建东： 我们弘扬的是深圳文化，红烧乳鸽作为深圳文化的一个载体，是我们鹏城饮食文化中的一道名菜，我们的主要目标，是要把它弘扬好，让更多的深圳人了解鹏城历史，让这一段历史传播到全国各地，甚至走出国门。

主持人： 五谷芳乳鸽是如此的不同，它不仅仅是一道美味佳肴，更承载着深圳人对生活的热爱，它是袁氏家族几代人的鹏城记忆、深圳记忆，正是这份记忆成全了它的味道，我们也相信，这一份味道会一直传承下去。

传承活化

红烧乳鸽技艺经深港两地辗转，袁氏三代人的传承，不断丰富完善、优化创新，见证了深圳城市化发展的崛起之路。第二代传承人袁建东在烹饪红烧乳鸽时，对乳鸽的使用和处理在粤菜中独树一帜，其出品的红烧乳鸽在国内餐饮领域更是绝无仅有。未来5年，袁建东计划建立

鹏城文化博物馆及鹏城文化研究院，准备用以红烧乳鸽为代表的鹏城菜式，树立鹏城菜烹饪标准，开展鹏城菜人才培训，推动鹏城菜走向世界，让鹏城人在品味非遗美食的同时，也品味着鹏城历史的点滴。

红烧乳鸽制作技艺

岭南时令甜品制作技艺

（深圳市区级非物质文化遗产）

赖逸珊

岭南时令甜品制作技艺代表性传承人

非遗名片

岭南时令甜品制作技艺，源于广东普宁梅塘镇，距今已有百余年历史，目前主要分布于深圳市光明区凤凰街道。清光绪初年，梅塘镇赖氏第八世孙赖太清（1856—卒年不详），在镇上开办了"太清岭南时令甜品"专营店，赖太清为岭南时令甜品制作技艺的创始人。因"太清岭南时令甜品"受当地民众欢迎，赖太清后世子孙将其制作技艺奉若至宝。

第二代传承人赖金利（1885—卒年不详）、第三代传承人赖世孝（1910—1940）都曾秉承祖传技艺，并都成为时令甜品专营店的掌门。第三代传承人赖世孝执掌甜品店时，其妻黄银凤（1914—2015）也从家公赖金利处习得完整的甜品制作技艺。抗日战争爆发后，赖世孝被迫关停甜品店。1940年，赖世孝英年早逝，遗孀黄银凤独力支撑家业，她将甜品制作技艺传授给儿子赖在通（1937—）。赖在通在部队从事文化教员工作，工作之余他经常制作时令甜品，并向女儿赖逸珊（1968—）

传授该技艺。在父亲的示范与指点下，赖逸珊在成年时已能独立制作20余种时令甜品。

2014年，第五代传承人赖逸珊与父亲赖在通在深圳市光明新区（现光明区）塘尾社区第一工业区成立了"深圳市绿益健饮食文化有限公司"，赖逸珊任总经理，他们坚持以传统手工制作技艺为基础，大力开发时令甜品的加工生产。目前，公司已开发出30多种时令甜品，并拥有1300平方米甜品生产车间和近40家甜品加盟店。

项目特征

岭南时令甜品，是岭南地区民众依据传统岁时节令，结合当地水果、药材等物产和当地习俗，以及中医"时令养生"和"药食同源"学说，制作出的具有潮汕风味的甜汤和甜味点心。因其品类多、养生功效好，在岭南甜品中比较有特色，具有鲜明的技艺特征、民间传承特征和文化经济价值。

（一）技艺特征

岭南时令甜品，在原料选择上，注重纳入当地特产，突出养生功效与营养价值；在制作工艺上，强调味鲜甜、色美，对食材的运用大胆灵活，制作出花样繁多的甜品品种。赖氏制作的代表性时令甜品有艾粿、烧仙草、龟苓膏、炖雪梨、椰皇双皮奶等，看上去五光十色，吃起来滋味诱人，令人回味无穷。

艾粿是岭南民间颇能体现"因时而食"风俗的一种甜品，是以岭南野生艾草为主要原料制作的饼状甜食。烧仙草是岭南民众在夏季的"必备甜品"，其主要原料为潮汕一带特产的天然仙草，此草又名凉粉草，含有丰富的果胶和纤维素，炎夏食之解热利水，具有很高的营养价值。椰皇双皮奶的主要原料是新鲜水牛奶，我国传统医学认为，牛奶可以补肺养胃、生津润肠、促进发育、润泽肌肤、镇静安神、抗疲劳，椰皇双皮奶不仅可以提高人体的免疫力，还是糖尿病、便秘、久病体虚、气血不足、脾胃不和之人的主要滋补饮品。

传统技艺

（二）民间传承特征

自第一代传承人赖太清起，该技艺传承虽已逾百年，但并没有对理念、流程、工序进行详细的记录，均由几代传承人口传心授，甚至在工业化生产的今天仍以纯手工生产，具有明显的民间传承特征。

（三）文化经济价值

潮汕地区多数人的祖先是1000多年前南迁并定居在广东的中原人。该技艺的创始人赖氏先祖，为明代自广东丰顺迁至普宁定居的中原人，他们将中原地区的甜品制作技艺巧妙地融入到岭南甜品的制作之中，对研究该技艺的形成与发展、我国知名食品品类的演变及其与民俗活动的关系乃至我国人口迁徙历史及其影响都具有重要价值。此外，该甜品制作技艺的理念与初心，多与我国传统医学的四季养生、药食同源的学说相契合，古代医典与现代检验机构都证明，艾草、仙草、青橄榄等时令甜品的重要配料具有较高的药用价值，同时具有很好的营养价值。在竞争日益激烈的现代社会，人们愈加注重养生与保健，仅在深圳市，具有较好滋补效果的时令甜品连锁经营店数量就在不断增加，这就是很好的佐证。

精编访谈

主持人： 岭南的民众有着四时喝糖水的习惯，根据四时节气的不同，以及岭南食材的差异来制作美味可口的时令甜品。咱们的甜品对身体健康是有益的？

赖逸珊： 是的，广东人很懂养生，我们的甜品就是以时令的水果、蔬菜、谷物这些作为原材料，根据一年四季、二十四节气的变化，以及人体的需要来调整我们甜品的配方，有饮品、小食，比如龟苓膏、凉茶、四季甜品。像春天草木非常茂盛，我们主推艾粿等草本类的甜品，因为它们对身体有一种生发功效。夏天则需要清热，比如糖水、凉茶、烧仙草等，是夏天必备的，烧仙草可以代替

很多凉茶，又很可口，就是它原本的味道。龟苓膏是我们家传秘方，用 18 种药材熬制，主要成分有龟板、土茯苓、灵芝、花旗参等，现在的年轻人，工作强度非常大，压力也很大，大家很容易上火，火气太大了以后人就容易生病，所以坚持一两天吃碗龟苓膏，可以把身体里面的毒素、火气排掉，生病的概率就可能会少一点儿。秋季就以滋润、润肺、止咳为主，比如川贝炖雪梨，用冰糖来炖，川贝有润肺、止咳、

化痰功效，雪梨也是当季的水果，川贝炖雪梨是用原汁来炖，清甜又有治疗的效果。冬季的话，因为人体需要储藏能量，那么我们就会用椰皇炖双皮奶，因为牛奶的营养价值非常高，蛋白质也非常丰富，对身体的滋养是极好的。

主持人：这些做法是您后来改良过的，还是家族传承下来的？

赖逸珊：一定是要改良的，现代人吃各种各样的东西，糖分高的比较多，为了大家的健康，我现在把糖分降下来，让大家能够吃得更健康。

主持人：您1997年到深圳，到现在一直都在深圳开甜品店吗？您申请非遗是什么时候？

赖逸珊：对，2017年就开始申请了，现在是光明区区级非遗，非常艰辛地走到了今天。工厂是2014年就建在光明，但开工厂实际上是把我拖垮了，因为工厂的开支很大，但如果说在每家店进行生产的话，味道就没有办法保证，我想让它标准化，让每一个客人到每一家店，都能够吃到同样口感的甜品，既能保持传统，又标准化、有质量。

主持人：在传承这块您现在有何打算呢？比如说收小徒弟或者是您的孩子？

赖逸珊：有的，像开发新品，我一定是先给我的孩子们吃，他们觉得可以我才推出市场，所以他们很小就很懂得品鉴了。我现在也在公司里培养了一些徒弟，有跟了我20多年的，也有一些年轻人在跟着我学习，我们经常去社区、学校搞活动。我的愿望是将来能够在深圳开一个活

深圳非遗·第一辑

态化的非遗博物馆，把岭南时令甜品，把它的制作工艺、养生理念发扬光大。

主持人： 结合传统民俗和四时节气，以自然之道养自然之身，它是中式甜品的典范。

传承活化

1997年，第五代传承人赖逸珊与退休后的父亲赖在通在深圳市福田区巴登街开设了"太清甜品"专营店，甜品分店与加盟店逐年增加。为了让每一位顾客到任何一家店都能够吃到同样口感的甜品，2014年，赖在通父女在深圳市光明新区塘尾社区第一工业区成立公司，将甜品制作标准化。他们坚持在传统手工制作技艺的基础上创新，不断研发年轻人喜爱的健康时令甜品，目前已开发出30多种时令甜品，并拥有1300平方米的甜品生产车间和近40家甜品加盟店。结合传统民俗和四时节气，以自然之道养自然之身，作为从潮汕地区生长起来的岭南时令甜品制作技艺，如今于深圳传扬传承。两地的辗转、五代人的坚守成就了大众所追捧的深圳岭南时令甜品，它不仅满足了都市人的味蕾，更体现了岭南人顺应自然、因时而食的智慧。

岭南时令甜品制作技艺

谢氏核雕

（深圳市区级非物质文化遗产）

胡堂山

谢氏核雕代表性传承人

非遗名片

　　谢氏核雕源于民国初期苏州舟山村，距今有逾百年历史。百余年来，核雕名家创作的精巧玲珑的核雕作品，被人们视为玩赏和收藏的珍品。目前，谢氏核雕主要分布于深圳宝安区航城街道一带。

　　谢氏核雕创始人殷根福（1885—1939），民国初期在苏州舟山村中以竹雕、牙雕为生，后尝试将橄榄核雕刻成十八罗汉头像，受到文人雅士追捧，从此专事橄榄核雕。

　　第二代传承人殷荣生（1920—2014），殷根福之子，在舟山村组织生产核雕。

　　第三代传承人谢咏贵（1919—2008）、须吟笙（1923—2011）和钟年福（1927—2019），三人均出生于舟山村，因生计所迫，在十几岁时先后辗转来到上海，在殷家的"永兴斋"当学徒，跟随殷荣生学习核雕。

　　第四代传承人谢才元（1957—）和钟秀琴（1959—）夫妇，二人

在 1973 年同期进入当时的舟山核雕厂，进厂后谢才元主要师从须吟笙，钟秀琴主要师从钟年福。50 年来，他们不仅继承了殷根福、须吟笙、钟年福的核雕技法，还是业界公认的核雕大师。谢才元现为高级工艺美术师、苏州市核雕艺术家协会副会长，钟秀琴是正高级工艺美术师、苏州市核雕艺术家协会副会长，她的核雕技艺也被业界高度认可。因为专注于橄榄核雕的研制开发和技术创新，他们成立了"谢才元核雕工作室"，经他们传授的弟子有朱红为、胡堂山等人。

第五代传承人胡堂山（1977—），深圳宝安人，现为中国工艺美术协会会员、广东省工艺美术协会理事、中国民间文艺家协会会员、广东省民间文艺家协会理事、高级工艺美术师、深圳市工艺美术大师、深圳市高层次人才、宝安区第六届政协委员。从小对雕刻有着浓厚兴趣，1993 年，16 岁的胡堂山便利用学校的寒暑假，来跟谢才元、钟秀琴学习核雕，他勤奋好学且真诚敬师，30 多年过去，他已经掌握了"十八罗汉""核舟""特定人物形象""神话故事"类的核雕技法，成为该技艺的主要传承人。

项目特征

　　核雕是微型雕刻艺术的经典，而谢氏核雕历经百余年传承至今，其作品愈发受到收藏爱好者的追捧，具有明显的手工技艺特征、微雕工艺特征、修身特征，以及历史文化研究价值、工艺研究价值、经济价值。

（一）手工技艺特征

　　观看核雕技师的雕刻创作，无论是"粗加工"，还是"精修"，都可直接得出结论：毫无疑义，精美的核雕作品是由手工完成了全部的雕刻步骤。对于技师而言，雕刻过程中怎样下刀、力度大小，几乎全凭自己感受、把握，很难用文字或数据来详尽表述。手工雕刻的魅力和观感在于，核雕作品可以窥见"刀工"，而见得刀工，人的心中会产生一种对工匠高超技能和智慧的折服，会有一种被美感所震撼后的满足。

（二）微雕工艺特征

谢氏核雕是微型雕刻艺术的经典代表。核雕体积虽小，却构思缜密，设计精巧，工艺细密，以小见大。在保持果核外形的前提下，无论运用浮雕、圆雕、透雕技法，均以精、细、奇、巧取胜，呈现出典型的微雕工艺特征。譬如罗汉头等造型，即使将其放大数十倍，仍栩栩如生；又如核舟，不仅能在细微之间表现人物十数人，而且舟上每扇门窗都能自如开合，其落榫处以毫厘计算，观者对此无不啧啧称奇。

（三）修身特征

核雕创作，一定是凝神屏气的过程，是剔除杂念的过程，哪怕是在橄榄核上学习雕刻直线，也要花上一年半载时间才可能及格。要入核雕门，必须耐得住寂寞，谢氏几代核雕大师莫不如此。其实，学习核雕的过程，就是一个学会排解困惑、调养心性的过程，是一个修身过程。虽然每日必须端坐数小时，但是在雕刻声中，会有一种崇高和美妙的感觉，这是新手在经年累月的习练中获得的意想不到的修身效果。

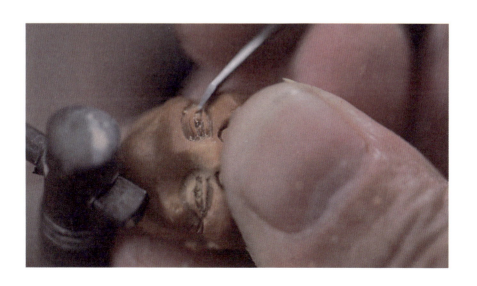

（四）历史文化研究价值

核雕技艺从产生、成熟到后来的不断发展，虽然一件作品仅在盈寸之间，却也可折射出中国的历史片段和世间百态。明清时期，核雕风靡朝野，王公贵族几乎都成了"追雕一族"，出现了"凡文人必手持折扇，有折扇必有核雕扇坠"之盛况。进入现代，人们对核雕的喜爱与追捧，则成为一种时髦。小小核雕，俨然成了研究中国历史文化的宝库。

（五）工艺研究价值

谢氏核雕作为一种微型雕刻范式，吸收了石雕、玉雕、木雕、竹刻等雕刻艺术的精华，小小果核能成为一个艺术作品，不仅涉及造型艺术、空间艺术、装饰艺术等艺术创作理念，还综合运用了浮雕、圆雕、透雕等技法。解构精美的核雕作品，加强相关研究，对提升我国工艺生产水平，具有重要的参考价值。

（六）经济价值

目前，全国各地的文物市场和古玩店，都有无数店家在出售核雕作品，对于一些核雕大师的作品，人们更是趋之若鹜，有些作品卖价居然高达几十万元，还有不少作品被销往海外。据统计，仅苏州一年便要消耗核雕原料百来吨，创造产

值数亿元，从业人员达上千人。深圳市核雕技师、营销队伍和社会需求都有扩大之势，每年的核雕交易量也较为可观。如果给予政策扶持和组织引领，核雕将很可能成为较有优势的民间工艺品。

◆◆◆ **精编访谈** ◆◆◆

主持人： 核雕是我国古老的微型雕刻工艺。究竟是怎样的技艺才能够在小小的果核上，雕刻出天地万物和人间百态？

胡堂山： 我主要还是以创作为主，要创新。像我们的作品《深圳之春》，当时花了 5 年半的时间，这组作品是我跟我师娘合作的。我师娘跟我师父参加了四届山花奖大赛。山花奖是中国民间工艺最高奖，就相当于影视界的"金鸡奖""百花奖"。

主持人： 您作品的标题是《深圳之春》。

胡堂山： 我 2013 年就开始筹办，颁奖典礼是在 2019 年 12 月 22 号，在宝安颁的奖。因为我们拿到了这个奖，中国文联、中国民协就把这个颁奖典礼设在宝安。

主持人： 这是深圳人第一次拿这个奖吗？

胡堂山： 这个山花奖，以前有深圳人拿过第三名，有深圳人拿过入围奖，但是这个最大奖是没有深圳人拿过的，我们是第一个。

主持人： 我们来看一下作品。

《深圳之春》

胡堂山： 从头开始说，深圳最早期就是这样的一个渔村。

主持人： 对，船坞，这是一段记忆。

胡堂山： 一段记忆，人坐在船坞里头，前面在划船，这就是生活，有人在上面晾衣服什么的。

主持人： 对，这是以船为家。

胡堂山： 接下来就到了我们这个孺子牛，孺子牛是在市政府门口，我觉得既然做，就要做一个反映深圳实干、敢干、埋头苦干的形象，就是拓荒牛。接下来我们就雕了深圳的发展，这是深圳速度，一个是地王大厦，另一个是国贸大厦，我们当时雕的时候，就是反映了三天一层楼的深圳速度。

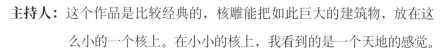

主持人： 这个作品是比较经典的，核雕能把如此巨大的建筑物，放在这么小的一个核上。在小小的核上，我看到的是一个天地的感觉。

胡堂山： 对，颠覆了传统的做法，这是创新。"中国特色社会主义先行示范区"提出来以后，我们做了平安金融大厦，然后又做了一个广州的"小蛮腰"，然后雕了香港维多利亚港跟澳门莲花广场，就是把我们粤港澳大湾区的一些典型的建筑，放到里面融合一下，春风吹遍大湾区，所以我这组作品成功构思了一个主题，一个时代的旋律，再加上这个雕刻技法。

主持人： 我看到这个的时候，我觉得风吹过来是会发出声音的。我从来都觉得这个核，就是个小小的玩意儿，但是现在看来，它是宇宙间的大物。

胡堂山： 对，以小见大。当时也没想过拿奖，因为这个大赛高手太多了，后来我师父跟我师娘说了一句话，他说他这辈子最激动的，就是那天领奖，完成了夙愿。第二个，完成了我自己思想上的创新。

主持人： 印证了您的创新意识，完成老师的夙愿，这是最好的传承。在咱们深圳，关于传承您有没有计划？

胡堂山： 第一，就是我们在社区已经开了12堂课。在这方面我们又是一个创新，因为小孩是很难去雕刻的，刀太快了，不小心的话容易划伤，后来我想了一个办法，用泥巴，把它搞得不干不湿的时候，用竹刀、木刀搞泥雕，用核雕的雕刻技法，衍生成泥雕，让他们看我的核雕技法，看完以后再跟着我学，相当于从小开始培养，有的东西，你进行创新一定要符合当代人的诉求。

主持人： 我相信未来，以您的创作能力，您还能创作更多更好的作品，我们大家也特别期待。

胡堂山： 说心里话，我觉得中国有很多优秀的民间艺人是没有被挖掘出来的，如果不是我的《深圳之春》拿了奖，也没有人知道我在做核雕，所以我现在一定要把它传承好，身边那些做核雕的人，我也要帮扶人家一下，这样核雕就不会断代断层。

主持人： 核雕技艺最是工匠精神的彰显，一代代核雕匠人刻刀下的世界，是如此精妙入微。

传承活化

小小的橄榄核旋转于手掌之间，饱含着核雕匠人一生心血。手工核雕因其技艺特性，从业者首先就必须经受是否耐得住寂寞、是否受得住双手手指不时受伤等考验。为使其能够得以传承，第五代传承人胡堂山，20 年来一直利用业余时间，在深圳宝安区航城街道等地坚持进行核雕创作和技艺传授，如今向他学习核雕技艺者已达上百人。

谢氏核雕

紫砂壶传统手工制作技艺

（深圳市区级非物质文化遗产）

方庆生

紫砂壶传统手工制作技艺代表性传承人

非遗名片

　　紫砂壶传统手工制作技艺，伴随茶文化出现，始于北宋，成熟于明清，鼎盛于当代。深圳市区级非物质文化遗产紫砂壶传统手工制作技艺源自江苏宜兴丁山，为紫砂壶传统手工制作技艺其中一脉，师承至今已逾百年，现今主要分布于深圳市龙岗区、广东省潮州市等地。

　　第一代传承人朱可心（1904—1986），著名紫砂艺人，擅长紫砂塑器造型，刻意求新，风格独特，尤善以龙、云、松、竹、梅为题材的创作，许多作品为博物院（馆）和知名人士所珍藏。

　　第二代传承人潘春芳（1936—），1981年进入南京艺术学院主持陶艺专业工作，1995年及1999年先后以中国陶艺代表团成员身份访问欧洲及日本，曾多次在美国、新加坡、加拿大等国和中国台湾等地讲学，并举办陶艺作品展。

传
统
技
艺

　　第三代传承人汤鸣皋（1946—）、冯玉芳（1973—），两人均为江苏宜兴人。

　　第四代传承人方庆生（1979—）。方庆生自幼爱好紫砂壶文化，2005年师从汤鸣皋学习该项技艺，同时亦获国家级高级工艺美术师顾顺芳、陈成、冯玉芳等名家指导，2008年、2019年先后在深圳龙岗设立工作室以及在大运软件小镇创办祺祥文化馆，从事和钻研紫砂壶制作技艺并推广，还将太极文化和紫砂壶文化结合在一起，独创了紫砂壶太极。

紫砂壶文化伴随着茶文化而出现，从宋晚期始至明代时宜兴紫砂出产崛起，宜兴迅速成为全国紫砂器出产中心，在之后数百年的传承中，呈现出不同的风格样式，虽形态各异，但以圆器造型最为普遍。紫砂圆器的制作，需先按尺寸要求，裁好泥片，将身筒、壶嘴、壶盖、壶把先后加工好再进行组装，技艺特征鲜明，具有文化价值、实用价值、工艺价值和审美价值。

（一）技艺特征

在技术与社会的整体演进中，形成了独特的民族风格和地方特色，通过独特的紫砂材料、特殊的制作工具与工艺手段形成了不同历史时期的时代特征。历代紫砂传承人，在细心观察和研究社会现象及自然形态的基础上，结合绘画、书法等文化基因创作出融技术与社会为一体的紫砂形态，紫砂艺术既是典型的文化遗存，也是中国走向世界的经典文化形象。

传统技艺

309

（二）文化价值

紫砂壶具有悠久的历史，历代文人墨客都描述、歌咏它，中国特色的工艺造就了其纯朴雅致的风度，融诗、书、画、印诸艺术于一体的艺术气息，内敛朴素的性格，精妙绝伦的美学韵味，它代表着中华文化的优良传统，具有独特的中华风格，堪称中华民族的"国之瑰宝"。

（三）实用价值

紫砂壶是双重气孔结构，透气而不透水，保温性和透气性好。使用紫砂壶泡茶，茶味醇郁芳香；使用时间越久，壶身光彩就愈加光润古雅，泡出来的茶也愈醇郁芳香。根据科学分析，紫砂壶有保茶汤原味的功能，具有耐冷、耐热的特性。

（四）工艺价值

一把紫砂壶要经过几十乃至上百道工序才能制成，好的紫砂壶除了壶的钮、把、盖、肩应与壶身整体比例协调之外，点、线、面的过渡和转折也一定要清晰。紫砂壶传统手工制作技艺要先将制作者自己的艺术赋予紫砂泥，塑造出紫砂壶的胎骨，最后再入窑烧制，流程耗时长，一个星期甚至一个月的时间才能使得一把紫砂壶成型。

（五）审美价值

紫砂壶的审美价值表现在多方面，主要可以从形、神、气、态四要素观察。形，即外貌。"壶经久用，涤拭日加，自发黯然之光，入手可鉴"，紫砂器使用越久，器身色泽越发光油，玉色晶光，气韵温雅，真正具有"久日色泽生光明"的特点，这正是审美价值的体现。

深圳非遗·第一辑

精编访谈

主持人：中国是茶的故乡，也是茶文化的发源地，紫砂壶是中国人重要的泡茶器具，紫砂壶手工制作技艺到底有哪些特点呢？紫砂壶的形状和颜色为什么都不一样？

方庆生：紫砂泥也叫五色土，紫砂泥料有多种颜色。这一把是西施壶的改版，传统器型是圆形，而我们做成方器叫六方西施，适合沏泡乌龙茶。这是段泥做的树瘿壶，也叫供春壶，供春是紫砂壶的鼻祖，他模仿树瘿形状做壶，犹如现代仿生学，即从大自然汲取元素，融入壶意。

主持人：这些壶很特别。

方庆生：目前供春壶仅存一把，被收藏于北京的中国国家博物馆，市面上均为仿制品。壶上的裂纹就是树瘿，即树瘤，裂纹感是烧制出来的。

主持人：紫砂壶都是手工制作，不能用机器？

方庆生： 不能用机器，机器做的壶犹如打印机打的字一样没有生命力，缺少艺术感和韵味。市面上虽然也有用机器制作的，但是我坚持必须手工制作，手工制作的紫砂壶千变万化，制壶的工具也各不相同，所以需要我们根据尺寸和壶形定制工具，不断丰富手工工具。

主持人： 紫砂壶是诗、书、画艺术的综合，更是传统文化气韵的集合，您是什么时候接触的紫砂壶？

方庆生： 中学时代。我是潮汕人，1984 年跟着父母来到深圳。潮汕人爱喝茶，以前用盖碗，小时候手小，拿着盖碗用开水去泡茶会被烫到，偶然机会买到紫砂壶，在沏泡过程中发现紫砂壶越泡越养越光润，这才引起我的兴趣。

主持人： 您第一次真正了解紫砂壶是多大？

方庆生： 16 岁那年，拿着摆地摊攒下来的钱搭绿皮火车去了江苏宜兴。遇到一位老师傅在做壶，当我踏进他店里的时候，他直接来了一句"小伙子，来，我教你做壶"。我在那里待一个礼拜，做壶流程都学会了，但这些只是皮毛。

主持人： 这是您第一次紫砂壶之旅？

方庆生： 是的。回来之后就使劲儿倒腾，业余时间做紫砂壶，练习拍泥条，这个过程很漫长。

主持人： 您大学读的什么专业？

方庆生： 英语专业。大学毕业后做外贸，带着紫砂壶、茶和书画艺术到国外。我个人热爱传统文化中的琴、棋、书、画、诗、酒、茶，这些爱好导致我对紫砂壶很痴迷。

主持人： 您正式拜师是在哪一年？

方庆生： 2005 年，我再去宜兴拜访少年时教我做壶的老师傅，在公园里偶遇我后来的老师，他老人家正在打太极，我们便有了交流，借着琴棋书画等传统文化的共同爱好，知道他是紫砂壶第三代代表性传承人，便正式开始拜老人家学艺，老人家那时候已经 60 岁。

主持人： 他都教了您哪些技艺？

方庆生： 除了紫砂壶，还有书画、篆刻艺术等，他真正带我走入紫砂壶天地。深圳作为改革开放的窗口更容易向海外传播传统文化，同时我也想让深圳青少年通过紫砂文化和紫砂壶的制作体验更深切地感受到传统文化的魅力，就回来深圳继续传承紫砂壶非遗项目。

主持人： 选一把好壶，沏一杯好茶，让我们在茶文化的世界里徜徉。

传承活化

    第四代传承人方庆生从 2008 年开始，便在深圳龙岗创立紫砂壶工作室，创办文化馆，不遗余力地向广大民众传播紫砂壶文化；不仅如此，他还不断创新，将太极文化和紫砂壶文化结合在一起，独创出"紫砂壶太极"冲泡法。紫砂壶，可以说是中国特有的集诗词、绘画、雕刻、手工制造于一体的陶土工艺品，和深圳"海纳百川"的特性有共通之处。未来，希望它能成为深圳传统文化的一大印记，吸纳更多海内外传统文化爱好者，让这个经典文化形象不断走向全世界，在时代的洪流中散发出更加璀璨的光芒。

紫砂壶传统手工制作技艺

传统民俗

南水姊妹节

（深圳市区级非物质文化遗产）

张程翔

南水姊妹节代表性传承人

非遗名片

深圳市区级非物质文化遗产南水姊妹节源于深圳蛇口南水村，当地居民多为清朝末年由布吉、紫金、五华等地迁徙而来的客家人。改革开放后，人们生活水平提高，妇女地位提升，1987年，南水村党支部将每年的12月25日定为南水姊妹节，传统的姊妹聚会得以发扬传承。

第一代传承人钟娣（1917—2017）、刘群娣（1923—2016）、姚英娣（1928—2023）、何运好（1930—2017）、张观带（1931—2016）。

第二代传承人郑细妹（1936—）、张梅英（1937—2016）、陈友娣（1942—）、龚秋兰（1950—），龚秋兰为姚英娣的儿媳妇。中华人民共和国成立前，客家妇女，尤其是外嫁女，地位低，处处受到压制。女人们的生活忙忙碌碌，没有属于自己的空间，但村里有一个习俗，每年农历正月初四，妇女回娘家拜年时或村里逢娶嫁时，姊妹们便可聚会。

每逢这时，姑娘媳妇们就像过节一样，聚在一起，摆上点心、水果、糖果、花生，一边喝茶，一边谈心，一边唱山歌。1987年，在龚秋兰等人的倡议下，将每年的12月25日定为南水姊妹节。每逢此节，外嫁女回娘家和本村姊妹媳妇欢聚一堂，共诉心曲，把传统的姊妹团聚习俗与现代生活相结合，成为南水村的一大盛事。

第三代传承人陈连娣（1951—）、邬金英（1953—）、龚庆梅（1956—）、邬玉珍（1957—）、张程翔（1970—）。张程翔为龚秋兰长子，在南水村出生成长的张程翔，从小在南水村山海客家文化的熏陶下，对南水姊妹节民俗所蕴含的文化有着深刻认识和理解。为了将南水村客家传统优秀文化更好地传承和弘扬，张程翔根据时代发展和要求，对传统南水姊妹节进行挖掘整理和总结推广，并形成现今南水姊妹节召开恳谈会、举办纪念活动、开展文体活动、进行文艺演出、共食大盆菜等系列活动。

南水姊妹节以其独特的客家山海文化魅力，将南水村村民共同的文化传统、语言习俗、客家精神发扬光大，成为连接海内外南水村村民心灵的纽带，并为建设邻里和睦、家庭幸福、安居乐业的南水美好家园提供源源不断的正能量，民俗传承特征明显，具有较高的历史价值、文化价值和社会价值。

（一）"义"字当头

蛇口南水姊妹节源于岭南客家人的"义"字文化，处处渗透着有福同享、有难同当的理念。"义"字当头，第一是要注重团结，客家人在客居地要立足，十分不易，困难重重，单枪匹马绝不可行，只有团结一致才能成功，这是南水客家人在蛇口近百年奋斗史中总结出的历史经验，大家都牢记在心。"义"字当头，第二是饮水思源，现在日子过好了，可是大家依然不忘前辈们在过去创业过程中吃过的苦和努力奋斗的精神，感激前辈们为今天的发展打下的良好基础。"义"字当头，第三是知恩图报，客家妇女是最能吃苦耐劳、忍辱负重的群体之一，在事业有成的今天，客家人绝不会忘记客家妇女在创业过程中的功劳。

（二）"家"是基础

"家"是客家人的精神寄托，家的意识深深扎根于客家人的思想当中，形成了强大的凝聚力。姊妹们承载着家，承载着和谐，承载着社

深圳非遗·第一辑

会，承载着文化。让姊妹们生活过得好，有社会地位，这个家庭就安定了，众多的家庭安定了，社区这个大家园就安定了。因此，以家为基础，让家庭主妇当主角，是南水姊妹节的又一个显著特征。

（三）"和"为根本

"和"字贯穿着姊妹节的始终。南水人不仅追求家庭之和、邻里之和、村民之和、干群之和，更将之上升到创建整个社区的和谐。在姊妹节上，不仅是本村土生土长的姊妹同欢乐，还诚邀在南水打工的外来劳务女工、曾在南水生活过的广州知青与大家一起过节，体现了南水人豁达开放、包容大度、崇尚和睦的胸怀。

（四）中西融合

姊妹聚会是传统习俗，12 月 25 日是西方的圣诞节，把姊妹节定在此日，本是为方便香港姊妹回乡过节，但经过好多年的节庆，却起到了中西融合、喜上加喜的效果。大红灯笼与圣诞树同在一院，灯谜的红绿字条与圣诞贺卡各显特色，它们相映成趣，为节日增添不少色彩。各类中西风格的游戏、表演节目也使得节日的内容更加丰富。

（五）历史价值

通过这一民俗活动，让人们了解客家人移居蛇口近百年的创业史、奋斗史以及他们在各个时期的生存状况，尤其是能了解客家妇女忍辱负重的艰辛历程以及她们社会地位不断提高的过程。

（六）文化价值

南水姊妹节经过多年的演变，现已成为一个集民俗文化、饮食文化、民间文化活动为一体的文化体，通过开展这项民俗活动，推动了多种文化的展现与发展，具有一定的文化价值。

（七）社会价值

一方面，南水姊妹节让外嫁女回娘家和本村姊妹欢聚一堂共诉心

曲，使南水姊妹间的深情厚谊代代相传；另一方面，这一活动已成为共建和谐社会的平台，吸收外来劳务女工参加活动，让她们融入到新型的社区之中，共建和谐家园；这一活动还是连接海内外客家人心灵的纽带，加强了海内外姊妹间的团结。

精编访谈

主持人： 在深圳市南山区的南水村呢，有一项特别的民俗活动，叫南水姊妹节。每到节日的时候，南水村张灯结彩，笑语盈盈，在姊妹节的背后是怎样的民俗呢？南水姊妹节是什么时候开始有的？

张程翔： 在1987年的时候就已经有了，在蛇口南水村，大部分都是客家人，清朝末年的时候从紫金、五华、布吉迁移到蛇口这边来。

主持人： 1987年的时候怎么就形成了一个规模性的姊妹节？

张程翔： 因为我们村里面有个习俗，每逢正月初四，大家就回娘家拜年，或者村里面办喜事的时候，她们就可以在一起聚会。很多女孩子外嫁到别的地方，回娘家拜年时，大家就可以通过这个聚会聚在一起，摆上点心、水果，还有客家茶果，一边喝茶一边聊天，这些姐妹和媳妇们把这种活动当成自己的节日，然后代代相传下来。

主持人： 明白了，她们主要聚集在一块，就像茶话会一样聊聊天。您作为一名男性，怎么想起来要把这个申报非遗项目的？

张程翔： 因为第一代姊妹节，我奶奶也在，我妈妈是第二代姊妹节发起人之一，从小受到她们的熏陶，加上我本来也当过负责人，我也有经验，所以我觉得我更有责任去把姊妹节做得更好，传承下去。

主持人：现在姊妹节的规模是什么样的？

张程翔：第一，是洽谈会，邀请周边的兄弟姐妹和村里的老人家，还有一些干部过来参加这个活动，也邀请20世纪80年代来村里务农的知青走访村里的一些老人；第二，我们还举办了纪念活动，因为我们公司的4楼有个村史馆，每年都在更新这些历史资料，然后让所有参加我们姊妹节的人员上去合影，然后看看我们南水的客家文化；第三，是开展跳舞、旅游等文体活动；第四，是举办大型的文艺表演，表演就是我们姊妹节的重头戏了，12月25日姊妹节那天，会在村里面搭起一个大型的舞台，村里面的姐妹们、媳妇们穿上漂亮的衣服，化上靓妆，让她们用最原生态的、嘹亮的歌声表演，让观众们欣赏所有的节目。表演完之后，我们会在村里摆上100多桌的大盆菜，邀请一些至亲或者周边的兄弟姐妹。总之，村里面的老老小小都要参加这个活动，让大家开开心心欢度这个大型节日。

主持人：感觉像过年一样，它把很多客家的历史还有人文都缀连到了一起，让我们了解更多的客家人文历史。

张程翔：对。

主持人：阿姨，您是南水村人？

龚秋兰：是，我在南头出生，我妈妈是南水村土生土长的女儿，我10岁的时候，我妈妈才把我带回南水村。

主持人：您是什么时候知道有姊妹节的？

龚秋兰：我们那靠近海边，小时候

去海滩抓鱼虾的时候，有些老人家会唱山歌，去山上打柴也唱（山歌），我们那时候还小，后来一直跟着她们唱，也学她们唱。

主持人： 她们在日常劳动过程当中会唱歌？

龚秋兰： 日常的，她们一出口就是山歌，看到什么唱什么，词是现编的，没有什么作曲那种的，随口就唱出来。

主持人： 唱哪些内容？您能哼两句吗？

龚秋兰： 好，"我是客家人，家住南水村，祖祖辈辈在这里，薪火相传"。

主持人： 阿姨您唱得我想掉眼泪，大致意思是"我是南水人，我祖祖辈辈都住在这儿，客家人薪火相传"，是这个意思吗？

龚秋兰： 是的。

主持人： 您用客家话唱山歌说南水的时候，我作为一个外乡人听着都很感动。

龚秋兰： 是啊，因为以前南水妇女地位比较低，我们每年都回娘家探亲，大家一起坐下来聊天，都说我们没有属于自己的节日，后来我们就想唱山歌也是可以让我们有一个自己的节日。当时改革开放有这个机会，我们提议一下，领导也重视，就把这个姊妹节山歌队这样唱起来了。

主持人： 明白了，就是客家姊妹自爱、自我珍重的一种情感，希望能有一个节日。

龚秋兰： 是，领导重视我们，我们自己也有这个愿望。

主持人： 对，因为到了一个尊重女性的年代，所以我觉得这个年代的女性是幸福的。

龚秋兰： 对，是很高兴的，你看像我们那么大年纪，还有这个机会和平台去唱歌。

主持人： 欢聚一堂，共诉心曲。南水姊妹节不仅体现了南水客家人的一
项特色民俗，更体现了改革开放之后人们对幸福生活的向往。

传承活化

一声山歌唱响，人人泪流满面。自 1987 年以来，南水村举办的南
水姊妹节活动，第三代传承人都亲自参与、精心策划，先后组织成立
了南水客家山歌队和南水客家舞蹈队，组织村里年轻的客家人学习传
唱客家山歌、了解客家文化和习俗。目前，这支南水客家山歌队队员
有五六十人，大部分为老年人，每逢社区或者各大
街道举办活动，舞台上经常会出现她们的身影；除
了在社区，南水客家山歌还走进了深圳的校园，使
其在校园中生根发芽，希望她们能继续用动听的山
歌述说内心的乡愁和深圳客家文化，为中国传统文
化谱写浓情的华彩乐章。

南水姊妹节

沙井蚝生产习俗

（广东省省级非物质文化遗产）

陈沛忠

沙井蚝生产习俗代表性传承人

非遗名片

　　沙井蚝生产习俗始于宋代插杆养蚝，距今有 1000 多年历史。明代养蚝业已有相当规模，养蚝区域南移到东莞、新安交界一带，清代初期真正发展成养蚝业。

　　沙井蚝业人物有陈林运（1912—1970）、陈造崧（生卒年不详）、陈志仔（1915—卒年不详）、陈木根（1920—卒年不详）、陈祚新（1923—卒年不详）、陈淦池（1924—卒年不详）、曾淦亭（1924—卒年不详）、陈淦权（1926—卒年不详）、陈长辉（1928—卒年不详）、陈锦其（1929—卒年不详）、陈启星（1930—卒年不详）、陈泽辉（1930—卒年不详）、陈润培（1930—卒年不详）、陈喜培（1931—卒年不详）、陈永绵（1931—卒年不详）、陈建兴（1931—卒年不详）、冼灿福（1932—卒年不详）、陈达祥（1932—卒年不详）、陈庆林（1932—卒年不详）、陈淦波（1932—）、陈应中（1932—卒年不详）、陈植林

（1932—卒年不详）、陈灿森（1933—卒年不详）、冼吐霞（1933—卒年不详）、陈设华（1933—卒年不详）、黎榜林（1935—卒年不详）、陈广兴（1937—卒年不详）、陈树南（1938—卒年不详）、陈照根（1940—）、陈庆良（1942—）。

第一代传承人陈林运（1912—1970），自幼承袭沙井蚝业生产习俗，20世纪50年代担任沙井水产站副站长，指导蚝民生产实践。

第二代传承人陈长辉（1936—2012），于1953年进入沙井水产站工作，得到了陈林运的真传，积极从事蚝业生产实践活动。

第三代传承人陈沛忠（1946—），师承陈长辉，在多年传承实践的过程中成为当地蚝业生产带头人。

项目特征

经过长期的发展，沙井蚝业形成了打山口、流水定作息、集体协作等生产习俗和蚝壳砌墙、上香礼拜天后等生活习俗，有一整套成熟的养殖和加工技术，生产程序有种蚝、列蚝、搬蚝、散蚝、开蚝等，地域特征、技术特征、产品特征鲜明，具有很高的历史文化价值、技术价值、经济价值以及旅游观光价值。

（一）地域特征

沙井蚝品质很大程度上得益于当地的咸淡水。珠江口冲积海积作用合力而成边滩，因而沙井的海岸线平直，坡缓水浅，属缓慢淤积型的淤泥质海岸。海岸适宜生长的红树林以较耐寒的秋茄树为主，主要树种为桐花树、白骨壤、老鼠簕，呈灌丛状，有的是与芦苇等混生的半红树林。流经沙井的河流主要有茅洲河、沙井河等，均注入珠江口伶仃洋，咸淡水在此交汇，有丰富的浮游生物，有利于海水养殖业的发展。

（二）技术特征

沙井蚝业历史悠久，有一整套成熟的养殖和加工技术。20 世纪 50 年代，沙井蚝业社派人到辽宁、海南、湛江、新会等地传授放蚝技术。苏联、日本、越南等国水产专家纷纷到沙井考察。1960 年，受水产部的委派，沙井蚝民们分批前往越南广宁省海防市传授养蚝技术。

（三）产品特征

沙井的蚝田，因地处合澜海，为咸淡水交汇处，海水里的浮游生物特别多，蚝吸食后长得肥大，味道格外鲜美，是广东人喜爱的美食。沙井蚝体大肉嫩，蚝肚极薄，有"沙井蚝，玻璃肚"之说。1956 年以后，沙井蚝曾先后得到广东省政府、水产部和国务院的嘉奖。

（四）历史文化价值、技术价值、经济价值和旅游观光价值

沙井蚝是深圳的著名土特产，也是现在保存完好的本土名牌。从宋代插杆养蚝开始，至今有 1000 多年的历史，深圳沙井是世界上最早进

行人工养蚝的地区。沙井蚝业有一整套成熟的养殖和加工技术，这些生产技艺是蚝民长期实践的智慧结晶，蕴含着许多宝贵的科学技术经验，是一份宝贵的历史遗产。沙井蚝营养丰富、肉质鲜美，具有保健滋补的功能。保护沙井蚝的资源，并对此资源充分利用，进行系列产品的深加

工，有助于大力发展经济。现今，在沙井有保存完好的蚝壳墙、传统的蚝加工厂房、蚝民新村，还可以开发沙井蚝文化园和沙井蚝博物馆等，这些都是别具特色的旅游资源。

主持人： 深圳人自古以来就有着吃蚝的习惯，每年的冬春正是生蚝成熟时候，也是蚝肉最为肥美的季节，沙井蚝便是其中最著名的一个品种。享誉海内外的沙井蚝有着非常丰富的身世故事和民俗文化内涵。为什么沙井蚝这么有名？

陈沛忠： 一方面沙井靠近珠江口东岸，处在咸淡水交汇的地方；另一方面是这里的藻类比较有营养，其他地方的没有我们珠江口的藻类好，蚝吃了这些藻类以后，它的皮比较薄，肉比较软、鲜甜，所以加工出来的产品有蚝味且厚实，别的蚝区没有我们这个海区的先天条件，所以味道就差得很远。这个蚝田，

329

我们村民把竹子插在海里面的时候，它自然地有苗子附着在上面，每年芒种前后，水咸七到八度的时候，就有浮游生物出来了，这个时候蚝体就可以排精排卵，结成一个个小蚝体，附着在竹子、瓦片、水泥柱上，然后开始生长。我们沙井海区是全功能的，可以产苗、生长、育肥，是全国最好的生蚝养殖区，经过了我们祖先的生产实践，发现不但要插杆来养蚝，还要找到好的地方去育肥，在生产过程中我们就发现，深圳前海、后海是一个好的生长区，我们俗话说是"育肥区"。

主持人： 您是从何时接触到蚝的？

陈沛忠： 1964 年我高中毕业以后，我就在这个沙井蚝厂（全国第一家蚝业加工厂）当工人，它是 1952 年建起来的，那个时代是统购统销，就是所有的蚝民的生产资料、生活物资，由这个蚝厂来供应，它的产品又由我们来收购加工，当时国营厂就是这样。蚝民是一个生产单位，负责养殖，全沙井 1 万多人养蚝，加工的产品叫蚝豉，沙井蚝油出口到香港，在香港通过国家的五丰行销售到全世界，那个时候沙井蚝已经驰名中外了，每年可以为我们国家创汇 3000 多万元。我们沙井人不但会生产，还会经商买卖，因为沙井人经常出海，与外面的世界接触得比较多。经过 20 多年的打造，现在我们大概有 10 万亩的养蚝基地，分布在台山、海丰、汕尾这一带，每年冬至前后收成，在养蚝基地开好蚝肉，然后运回沙井加工，再供应给深圳市民。

陈沛忠： 以前我们的鲜蚝用于加工出口，现在加工出口量少了，就卖鲜蚝产品，还有蚝罐头，将蚝煮熟以后加入我们的配方，然后封罐、

抽湿、杀菌，做成一个沙井蚝的品牌，目前蚝罐头在全国水产行业已经成为一个知名品牌了。还有蚝油，蚝油其实就是蚝汤的浓缩液，煮熟的蚝有很多蚝汤，把蚝干拿出来以后，把蚝汤过滤，再重新去熬煮它，就变成现在这个蚝油的颜色，什么东西都不加。

主持人： 地球上的每一个地方都是大自然的赐予，我们要懂得感恩，沙井蚝文化可以说是很好地体现了这一点。如今的沙井虽然再也看不到现场作业的蚝田，但是你依然能够感受到无处不在的"蚝"情满满，蚝依然与沙井紧密相连，蚝文化也在沙井世代相传。

传承活化

　　自 1980 年以来，传统农业生产架构迅速解体，进入 20 世纪 90 年代，传统农业生产模式已不再存在，浅海污染严重也导致蚝业生产日渐式微。为拯救蚝业，有一批像陈沛忠这样执着的蚝人，他们前仆后继，将传承和发扬沙井蚝文化视为己任，他们顺应自然、利用自然、回馈大自然，除部分生蚝继续在本地养殖外，全面实行产业转移，发展异地养殖，在台山、澄海、汕尾等地建起了 30 万亩的沙井蚝养殖基地。除了原有传统的沙井蚝油、沙井蚝豉等产品之外，目前还生产了多种口味的沙井蚝罐头。从 2004 年起，每年的冬至前后，他们都会举办"沙井金蚝节"，开展蚝乡生态一日游，在沙井多家酒店举办"蚝门盛宴"美食节，推出"全蚝宴"系列套餐，并在酒店和沙井大商场的蚝产品专卖点销售各色蚝产品。希望在未来，沙井蚝能够异地开花，继续向海内外游客展示千年金蚝的辉煌历史以及深厚、悠久的蚝业文化。

沙井蚝生产习俗

官湖望鱼岭捕鱼技艺
（深圳市区级非物质文化遗产）

邱月明
官湖望鱼岭捕鱼技艺代表性传承人

非遗名片

　　官湖望鱼岭捕鱼技艺始于清乾隆、嘉庆年间，王、邱、曾、庾、郑五姓始祖先后从龙岗沙背坜和坪地西湖堂迁到官湖村定居。在长期的渔业生产中逐渐摸索出一套独特捕鱼方法，延续至今已有 200 余年，官湖村村民历来以半渔半农为生，农忙种田，农闲出海，渔业生产是渔民的主要生活经济来源。

　　第一代传承人邱云南（1802—卒年不详）。

　　第二代传承人邱文禄（1842—卒年不详）。

　　第三代传承人王贵财（1907—卒年不详）、邱容生（1914—卒年不详）、王展富（1923—卒年不详）。

　　第四代传承人邱月明（1949—）、王牛（1946—）、王育强（1955—）、曾燕辉（1956—）、王国辉（1959—）。邱月明年轻时曾亲自参与牵沙罟拉网捕鱼作业，对该技艺十分了解，且有极强的传统文化保护意识，

退休后的老书记邱月明为抢救、保护这一传统技艺做出了巨大贡献。

项目特征

官湖望鱼岭捕鱼技艺历经几代人的传承发展，已经摸索出一套独特的捕鱼方法，即每次捕鱼时，都由经验丰富的老渔民站在官湖村东面海岸边"望鱼岭"的望鱼石上，拿着草帽指示鱼群的方位、距离、数量多少，村民们各就各位做好准备，一旦鱼群进入捕捞范围，负责下网的渔民则把网下到海里，待到渔网把鱼群围住后，大家齐心合力把渔网拉上来，把鱼分配给各家各户。该技艺呈现出鲜明地域特征和参与人群特征、传承久远特征、场面宏大的集体劳动特征，具有一定的历史价值、社会价值和民俗学价值。

（一）鲜明地域特征和参与人群特征

官湖望鱼岭捕鱼技艺十分独特，是其他地方所见不到的。这种独特的捕鱼技艺，又是由官湖村独特的地理位置和地形特点所决定的，

为官湖村所独有而不可复制。其参
与人群就是官湖村的全体村民，这
是官湖望鱼岭捕鱼技艺的又一个重
要特征。

（二）传承久远特征

官湖望鱼岭捕鱼技艺历史悠久，自清中期在官湖村形成以来，代代
传承不辍，一直延续至改革开放初期，历时 200 余年。

（三）场面宏大的集体劳动特征

官湖望鱼岭捕鱼技艺参与的人数众多。每次捕鱼时，全村男女老少
一齐出动，多达数百人，分布在从望鱼岭到岭下的沙滩直到海面上，场
面恢宏而壮观。再配合着帽语、口哨、"嗨哟、嗨哟"的号子声、高亢
悠扬的渔歌声以及获得丰收后的欢笑声，极富特色。

（四）历史价值、社会价值和民俗学价值

官湖村的五大姓是由异地迁来官湖湾建村定居的，其迁居时正值清
康熙实行禁海迁界政策之后百姓逐渐回迁的历史时期，这对官湖望鱼岭
捕鱼技艺的研究和保护，对了解历史上深圳地区，特别是大鹏半岛人口
的来源、构成和大鹏地区的开发、发展历程等都具有重要的历史价值。
捕鱼技艺是村民们为减轻海上捕鱼的风险，克服只有舢板和小船的不利
因素，自觉团结起来，共同联合捕鱼而形成的，其体现了中国古代劳动
人民人定胜天的理念和团结起来战胜风险的思想。深圳作为临海地区，
官湖望鱼岭捕鱼方式场面宏大，参与人数众多，在生产活动中又包含了
渔歌演唱等民间传统文化，而且官湖村的捕鱼方式十分独特，为该村所
独有。因此，对官湖望鱼岭捕鱼技艺的保护和研究，有利于了解这一地

区民间生产习俗和生产方式的形成、发展、变迁，因而具有较大的民俗学价值。

精编访谈

主持人： 官湖人的捕鱼方式和现代人的捕鱼方式到底有着怎样的不同呢？官湖捕鱼有多少年历史了？

邱月明： 200多年前，我们官湖五姓的祖先王、邱、曾、庾、郑来到官湖村，也算是客家人，来到官湖之后他们开启了半农半渔的生产方式，以前有四种捕鱼方式：一种是牵沙罟，就是整个村最大型的捕捞；一种是炸鱼；一种就是小舢船捕鱼；还有一种叫毡棚，就是把网放到海底，守株待兔，鱼一过来，把渔网一合就能捕到鱼。我们现在表演的这种就是牵沙罟，这种大型的集体捕捞需要很多人参与，一般在农闲的时候男女老少都会参与，为了生存而团结合作。

主持人： 那您刚刚说到这座望鱼岭，这是可以望鱼的一座山岭吗？

邱月明： 对，望鱼岭靠近海边，站在这座山岭上居高临下，看鱼看得比较清楚，如果在海边平望的话，是很难看到鱼的。望鱼岭上有一个叫望鱼石的地方，视线很好，在几百米内都能看到鱼群动向。

主持人： 那看到之后怎么办？

邱月明： 看到之后需要判断一下鱼的多少，一般少的就不说了，多的话就像我今天这样，要指挥下面的人把船、网、人全部都安排到位，等鱼进入包围圈后，通过大家商量好的一个标志，上面的人指挥下面的人在合适的方位放网。如果风太大，下面的人听不到上面的人喊出的指令，就靠挥帽来指挥。

主持人： 所以我认为这是一个宝地，刚好有这样一座可以看到鱼群状况的山岭，山岭上又有这样一块石头，还有我们的帽语，有官湖人的聪明我们才能够捕到鱼，而且捕了几百年了。

邱月明： 还有这种团结协作的精神也很重要。

主持人： 对。那您刚才说官湖人是半渔半农的生产方式对吗？

邱月明： 是的，官湖所有家庭基本都是这样。农忙的时候种田、抢收，种完田后女的上山砍柴，男的出海捕鱼，如果遇到牵沙罟这种大型捕鱼场面，就全村男女老少都出动。光靠农业的话，在自然灾害时期就没食物了，我们就靠捕鱼渡过困难时期，生存下来。

主持人： 那官湖村目前的发展情况怎么样呢？

邱月明： 20 世纪 90 年代深圳出台了一个沿海生态保护的政策：靠海800 米范围内不能够建厂。那个时候我们生活遇到很大的困难，所以在 1997 年，我们党支部提出因地制宜，靠海吃海，用海水做文章，于是办了工厂化的鲍鱼养殖厂。官湖村的人均分红从 1992 年的 200 块钱到 2007 年的 8000 多块钱，这个鲍鱼厂起了很大的作用。讲实话，养鲍鱼的风险很大，但利润也很高，需要很高的科技含量，

要有天时地利人和，才能够让养鲍鱼产生有效的价值。当时官湖没有别的路可以走，只有把养鲍鱼这条路走下去，我们选择了到各地去参观访问取经，让集体经济一步步地好起来。

主持人：那现在这项技艺作为非物质文化遗产，在您和官湖人的生活中还是那么需要它吗？

邱月明：现在基本已经不会用到这项技艺了，生态环境没有以前那么好，鱼也比较少了。但是官湖捕鱼作为一项非遗民俗，每年都要举办，让游客参与其中，很多游客也觉得很有意思。这样旅游就有价值、有意义了。不光是看海，而且还让游客体会到当地的历史、文化，所以我就想通过这个非遗项目去充实官湖文化旅游，能将它传承、保护下来。

袁家骅（大鹏作家协会副主席）：望鱼岭捕鱼技艺更多地是体现当地的这种本土渔民文化，是大鹏新区本土文化的其中一个代表，同时因为是群体作业，展现出的是大家凝心聚力、团结一致的场面，最后大家捕到鱼以后，不光能解决温饱问题，更能感受获得丰收果实后的愉悦心情。

主持人：官湖捕鱼非常真切地体现了深圳东部渔民团结协作的精神，而古稀老人站在望鱼岭上挥帽指挥捕鱼的场景至今让我们看起来依然十分感动，未来捕鱼这项民俗将以什么样的方式，继续在这片土地上传承呢，我们拭目以待。

传承活化

　　官湖望鱼岭捕鱼技艺，自清中期以来延续至今已有200多年历史，其捕鱼方式十分独特，这种独特的捕鱼技艺由官湖村独特的地理位置和地形特点所决定，而保护官湖村的绿水青山，传承祖先200余年的捕鱼习俗，是邱月明老人最大的心愿，也是所有官湖人的心愿。作为官湖村的老村长和书记，同时也是官湖望鱼岭捕鱼习俗的第四代传承人，年逾古稀的邱月明迫切希望将先辈们为子孙后代留下的珍贵精神财富留存，为此，官湖村建立了小型展览馆，用于记录官湖的历史文化。然而，随着城市化进程的快速发展，这一技艺已濒临失传，亟待抢救和保护。

官湖望鱼岭捕鱼技艺

潮州工夫茶艺（詹氏）

（深圳市区级非物质文化遗产）

詹冬业

潮州工夫茶艺（詹氏）代表性传承人

非遗名片

潮州工夫茶艺（詹氏）源自清光绪年间，是一种集冲泡技艺、品饮艺术、礼仪等于一体的完整茶道形式。

创始人詹鹿性（1878—1947）精于茶之种植、采制、烹饮，并于戊申四月对潮州工夫茶艺进行总结，形成一套独具特色的工夫茶四言要诀《瀹茗工夫》，此即为潮州工夫茶艺（詹氏）之起源。

第二代传承人詹兆底（1911—1962），詹鹿性之子，自小随父将茶叶用货担带到邻县售卖，并与当地人交流工夫茶艺，扩大了潮州工夫茶艺（詹氏）的影响范围。

第三代传承人詹欣领（1953—），改革开放后继承祖业，在当地开设顺圃茶庄，较为完整地将祖传的工夫茶器具、冲泡技艺等保留下来，为传统茶文化的传承与发展做出贡献。

第四代传承人詹冬业（1977—），国家高级茶艺师，广东潮州饶平

人，詹欣领之子，16岁时师从父亲，学习茶艺30年；1999年他赴深圳发展，同时将潮州工夫茶艺带到了深圳；2016年，驻守深圳17年的詹冬业成立了"无觉工夫茶事工作室"。20多年来，詹冬业等传承人更是积极参加各大茶文化交流活动，多次举办工夫茶展览，先后培养了近100名主要传承人及上千名茶艺学员。

项目特征

改革开放后，潮州工夫茶艺（詹氏）随潮汕人的迁移来到深圳，融入到当地文化中，逐渐发展成为当地的一种生活方式。在广泛的群众支持以及詹冬业等传承人的推动下，潮州工夫茶文化在深圳得到更好的融合发展，呈现出鲜明的文化

特征、地域特征和技艺特征，产生了不可忽视的历史文化价值、社会价值、经济价值和重要的保健养生价值。

（一）文化特征

潮州工夫茶艺（詹氏）不受时空、参与群体身份的限制，具有广泛的群众基础及深厚的文化内涵，在人际交往、婚嫁、祭拜等方面发挥着重要作用，蕴含着"不移本"的美好品质，寄托了一代代潮汕人的浓厚乡思，体现了中华民族抱诚守真、持中贵和的传统美德，其地位不亚于文房四宝之于文人墨客，且更添了一层雅俗共赏的意味。在现代社会，潮州工夫茶艺（詹氏）以茶为礼，将中国传统的儒释道精神贯彻到日常生活中，成为提高个人修养、实现社会和谐的重要桥梁。

（二）地域特征

潮州工夫茶艺（詹氏）随潮汕人的迁移来到深圳，融入到当地文化中，逐渐发展成为当地的一种生活方式。它既延续了潮汕人热情好客

的传统，又融入了深圳开放包容的精神及简约的美学特色，二者相辅相成，形成了"隆情雅趣"这一独特的文化现象。

（三）技艺特征

潮州工夫茶艺（詹氏）既保留了古代茶文化在茶、器、水、火、烹、饮等各环节的流风遗韵，又蕴含"舍快求慢、以简代奢、推陈出新、贵茶尚礼"的现代意义，成为深圳等快节奏都市的调剂品，为修身养性、人际交往、商业贸易等领域提供了更为和谐、理性的思路，它既是一种技艺、一种艺术，也是一种生活方式。潮州工夫茶艺之"慢"体现在备器、冲泡、品饮等整套流程中，其冲泡及品饮过程环环相扣、循序渐进，以求达到"天人合一"的精神境界，有利于引导人们提高养生意识及自我修养，回归根本。

（四）历史文化价值

潮州工夫茶艺（詹氏）是中国最具代表性的茶道形式之一，它由唐宋时期就已存在的"散茶"品饮法发展而来，系中国茶文化的集大成者。而潮州工夫茶艺（詹氏）延续了唐、宋以来品茶艺术的流风余韵，蕴含国人苦尽甘来、团结和睦的生活观念，反映了精行俭德、修身养德的思想追求，将儒家的"入世"与道家的"出世"思想相协调，为繁忙的现代生活提供了一种平衡之道。此外，潮州工夫茶艺（詹氏）作为大湾区文化的组成部分，在一定程度上提高了人民对传统茶文化的认识，对于研究当地茶文化的发展有一定的参考价值。

（五）社会价值

工夫茶是中国人以茶为礼、以礼待客的体现。茶文化在聚友、会客等场景中占据了重要的地位，用圆桌喝茶，众人围坐品茶，是中华

民族凝聚力的缩影，体现了深圳作为中国改革开放的窗口和国际大都市的包容性，吸引来自五湖四海的人们团结一致、共谋发展。在深圳，已有数百家企业受潮州工夫茶艺（詹氏）的影响，在商谈过程中舍酒取茶、以茶待客，形成了一种更为理性、诚信的社交氛围，在一定程度上延续了古人"以茶养廉"的良好风气。

（六）经济价值

潮州工夫茶艺（詹氏）受到深圳当地人及海外华侨的认可，于粤、港、澳、沪等地区举办的茶博会等大型茶文化交流活动，吸引了大批来自世界各地的企业家、艺术家前来参与，带动了当地的经济及旅游业的发展。此外，以工夫之讲究所制的茶叶及茶器常年受外国人的欢迎，通过不同品种、土性、技艺制作而成的茶叶气味各异，各有特色；茶器更具有工艺品性质，不同器具有不同的制作标准，以求将茶的色、香、味、韵发挥到极致，在展现中国传统美学的同时，极具经济潜能。

（七）保健养生价值

工夫茶之保健养生价值不仅在于"养神"，更在其对人体的作用。据考，乌龙茶中所含的茶素，能兴奋神经中枢，消除疲劳；茶叶中的茶多酚有解腻减肥的功效。此外，茶还有解毒除臭、防止血管硬化、防治癌症等作用。

精编访谈

主持人： 潮州工夫茶艺是流传在广东潮汕地区特有的饮茶习俗，那么流传在深圳福田区的潮州工夫茶艺（詹氏），它有哪些特点呢？老师，您从事和潮州工夫茶技艺相关的工作多久了？

詹冬业： 有20多年了，传到我已经是第四代，上一代是我父亲，再往上就是我爷爷、曾祖父。我们詹氏家族的技艺特点涵括了四个方面，分别是制茶、造器、冲泡、品饮。制茶就是在当地采摘、制作，制茶过程花费的时间很长，比如说春茶采摘在

4月份，采摘完并制作完毛茶以后，我们还要经过人工剔选，然后进行炭火烘焙，每一次烘焙都要花费10多个小时，焙完以后要等它退火，退火需要一二十天，然后再进行第二次退火。在一般情况下，春茶要到六七月份才陆续上市，这个时间跨度会比较长。

主持人： 这是一个很耗费工夫的过程。

詹冬业： 对，所以我们把它定义为"工夫制茶"，还有一个造器，像这些茶壶都非常小巧精致，这把壶容量才60毫升，工夫茶要求壶一定要小。

主持人： 为什么？

詹冬业： 因为茶壶小的话，它泡出来的味道更浓郁（我们在里面放的茶叶多）。这个杯子的大小在广东省是有标准的，叫省级标准，一般杯子的内直径是5.2厘米，高度是2.7厘米，我这个杯子就是标准级别的。

主持人： 这个好小好轻盈啊，你看放在手掌上看都这么小。

詹冬业： 对，第三个是冲泡，因为我们现场条件有限，我们就选择简单一点儿的冲泡方式。我们工夫茶冲泡的第一个步骤就是纳茶，这个特别讲究，茶水比例有一定的要求，三杯茶汤的颜色、容量要一致。第一，是为了让大家更好地品味到这个茶的品质；第二，也是体现我们工夫茶，面对在座所有的客人都是公平的，这个过程要经过长时间的锻炼。

主持人： 如果来的是四个客人呢？

詹冬业： 来四个客人也是三个杯子，我们体现的是茶的礼仪。第一道，冲泡者不能喝，要请远方来的朋友先喝，或者请家里的老人先喝，有一个礼让的过程。

主持人： 明白了，它表现出了东方人文化当中非常闪亮、有价值的东西。怎么喝这个茶才是正确的?

詹冬业: 品饮的时候也有技巧。第一，我们先看汤色，看它清不清澈；第二，再闻一下茶叶的香气；第三，呼一口气，然后在吸气的时候，啜一小口，这个过程，它表面的温度也在降低，已经被吹凉了。在啜茶过程中，茶汤进入口腔以后，呈喷雾状，整个口腔都能感受到茶汤的滋味，然后品完茶汤以后，还要闻一下杯底的香气，古人叫三嗅杯底。

主持人: 未来，对于工夫茶的传承，您有哪些想法呢?

詹冬业: 因为我们现在的工作室，有点儿像小型的博物馆，里面陈列着非常多的工夫茶小器具，有古老的茶具、茶叶和一些古籍，那么我希望通过我们的一些努力，吸引更多的年轻一代喜欢上我们工夫茶，特别是海外的华人或者华人的后代。

主持人: 在历代传承人的坚守之下，潮州工夫茶艺既延续了传统潮汕人的热情好客的特色，同时也融入了现代都市深圳包容开放和简约的审美特色。

传统民俗

传承活化

　　潮州工夫茶艺（詹氏）历经 100 余年的沉淀，已逐渐成为潮汕地区的一种民俗风情，成为潮汕人热情好客、团结和谐的象征。20 多年来，传承人詹冬业携其他传承人，积极参加深圳各大茶文化交流活动，将潮州工夫茶融入到鹏城文化中，并多次举办工夫茶展览，先后培养了近 100 名主要传承人及上千名茶艺学员。如今，潮州工夫茶艺（詹氏）也通过深圳辐射全球，形成"华人所到处，必有工夫茶"的独特文化现象，期待其成为深圳等快节奏都市调剂品的同时，也能作为一张东方文化名片影响全世界。

潮州工夫茶艺（詹氏）

后 记

　　文化遗产是人类宝贵的精神财富，是人文历史的璀璨记录。有着五千多年灿烂历史的中华文明，其文化遗产的视觉记录、活化传承和跨域交流等是保存过往和构建未来的不可或缺的手段和方式。

　　2019 年末深圳广播电影电视集团《深圳非遗》团队成立，以抢救性姿态实地探访深圳非遗在册的关于传统医药、传统美术 、传统音乐、传统技艺、传统民俗等 400 多项代表性项目和其代表性传承人的前世今生和未来传承的故事。

　　经过一年多的准备和四年的拍摄，200 多集的《深圳非遗》电视专题纪录片在全媒体平台循环播放，再经过一年多的编纂撰写和遴选图示，《深圳非遗·第一辑》这本书即将面世，而我们还在不断发掘和记录的路上。仿佛穿越，我们跟随非遗人走进了时空历史的循环中，也走进了"爱我所爱、无怨无悔"的情节里⋯⋯

　　感谢深圳及其周边的文化城市群，它们以最包容的姿态盛放着中华非遗项目的大部分门类，当那些代表性传承人 40 多年前从中华大地的四面八方奔赴深圳与本土非遗"不期而遇"的时候，沾满故土芬芳的技艺终于在深圳这片热土上含蕴沉淀并璀璨绽放。

　　感谢政府相关职能部门和主管部门的政策引领，感谢深圳市宣传文化事业发展专项基金的大力支持，感谢深圳市文化广电旅游体育局文物管理办公室和深圳广播电影电视集团全媒体新闻中心的专业指导，让文化组全体同仁有机会承担传播优秀传统文化的责任和义务，并迎来职业生涯的高光时刻。

感谢非遗人，他们曾向我们诉说着从散落在繁华都市街头巷尾到屹立于国际舞台成为中华工匠传播者的辗转沉浮，他们以一生一世乃至几生几世的"叩寂寞而求音"的坚守迎来了世间最广泛的认同。尤其传统医药的老师们，他们在为大众的身体康健、日常养护做最落地的诊疗和科普解读，还身体力行地在社会需要的时候积极参与社群义诊，并不吝提供诸多祖传秘方和独家资源。

感谢《深圳非遗》创作团队的所有同仁，那些走遍大街小巷的实地探访，那些翻山越岭的舟车劳顿，那些山海湖泊间的动态演播厅，那些字里行间的全媒体文案的打磨……虽然疲惫但却温暖的记忆，让我们可以还原我们眼中、镜头下和文字里每一项非遗的原貌和非遗人涌动的期待。

感谢深圳广电集团领导的温暖睿智，在经历第一年的分发实践和科学调研后，迅速将《深圳非遗》专题播出时段从都市频道每周六晚22：30—22:50调整至黄金时间段19:52—20:12，并于首播结束后继续投放至深圳卫视每周日6:25—6:45 、国际频道每周五7:05—7:25和13:20—13:40等循环时段，配合新媒体抖音、微信、头条等社交软件和户外大屏，收获百万粉丝，赢取同时段收视高点并占据文化节目影响力高地，为《深圳非遗》系列图书的出版揽获最广泛的读者人群。

感谢深圳文化界专家学者们，李亚威、杨宏海、杨争光三位前辈对本书的内容提供了宝贵的专业意见。最后，我们要特别感谢深圳出版社的帮助，在出书的整个过程当中为我们不舍昼夜地出谋划策，才有《深圳非遗》系列图书的落地。

囿于传承年代久远和图文资料所限，部分非遗项目的世系传承人信息尚不够完善，有的资料图片也略显模糊，这是本书遗憾之一，希望广大读者朋友能够提供更多的线索，帮助我们不断壮大深圳非遗的队伍。未来，我们将继续努力，分享记录更多优秀的中华传统文化于案牍前。

雨燕

2023 年 9 月